Meine Katze macht was sie will

Kleine Tiger mühelos erziehen

> Autorin: **Helga Hofmann** | Fotos: **Monika Wegler**

Inhalt

Was Katzen brauchen

6 Das ist typisch Katze
6 Die Katze lässt das Mausen nicht
7 Test: Verstehen Sie Ihre Katze?
8 Das Revier gehört mir!
9 Klein, aber mein
9 Freigang, ja oder nein?
10 Lass mich raus!
10 Nur keine Langeweile
11 Gut zu wissen: Was sich Katzen von uns wünschen
➤ **12 Verhaltensdolmetscher**
➤ **14 Frage & Antwort**
Fragen rund um das Leben und den Umgang mit Katzen

Katzenverhalten, das uns stört

28 Mieze benimmt sich daneben
28 Notorischer Jagdeifer
29 Naschkatzen
30 Klettervergnügen
32 Stille Geschäfte am falschen Ort
32 Pfützen und Häufchen
33 Blumentopf als Toilette
34 Pflanzen ausgraben
35 Pflanzen anknabbern
36 Beißen nicht erlaubt!
38 Kratzen an Möbeln und Wänden
40 Dauermiauen und andere Probleme
➤ **42 Frage & Antwort**
Fragen rund um das Verhalten

Katzen richtig erziehen

18 Lernen fürs Leben
18 Frühe Erfahrungen
18 Das »Flegelalter«
19 Erwachsenen- und Seniorenalter
20 Was Mieze lernen muss
20 Wie sag ich's meiner Katze?
21 Checkliste: Das muss Mieze lernen
22 Strafen – ein heikles Thema
22 Schläge sind tabu
22 Durch Lärm erschrecken
23 Tadel nach Katzenart
➤ **24 Frage & Antwort**
Fragen rund um die Erziehung

Echte Verhaltensstörungen

46 Ich habe schreckliche Angst!
46 Startschwierigkeiten
47 Angst vor Fremden
48 Gut zu wissen: Die Katze und das Autofahren
49 Angst vor dem Tierarzt
50 Angst und ihre Folgen
50 Plötzliche Unsauberkeit
51 Aggression
52 Plötzlich ist alles anders
53 Jede reagiert anders
53 Detektivarbeit
55 Problemen vorbeugen
➤ **56 Frage & Antwort**
Fragen rund um Verhaltensstörungen

Anhang

58 Register
60 Adressen, Literatur
61 Autorin
Impressum
62 Meine Katze – Steckbrief zum Ausfüllen
➤ **64 Die 10 GU Erfolgstipps**
Wohlfühl-Garantie für meine Katze

➤ **GU Serviceseiten**

Was Katzen brauchen

Das ist typisch Katze	Seite 6–11
Verstehen Sie Ihre Katze?	Seite 7
Verhaltensdolmetscher	Seite 12–13
Frage & Antwort	Seite 14–15

Das ist typisch Katze

In immer mehr Haushalten leben Katzen in engstem Kontakt mit uns Menschen. Mit Charme und Eleganz, mit Anmut und Anschmiegsamkeit eroberten sie sich in den letzten Jahrzehnten zahlenmäßig den Platz Nummer eins in der Rangliste der Haustiere. Doch haben sich die Stubentiger – bei aller Anpassungsfähigkeit – weder körperlich noch in ihrem Verhalten weit von ihren wild lebenden Vorfahren entfernt. Und genau hierin liegt der Schlüssel zu einem harmonischen Zusammenleben von Mensch und Katze: Die Katze muss Katze bleiben dürfen. Insbesondere wenn das Tier ausschließlich in der Wohnung gehalten wird, ist der Mensch gefordert, die geeigneten Bedingungen zu schaffen, damit Mieze ihre Natur ausleben und ihren Instinkten folgen kann. So lässt sich Verhaltensproblemen vorbeugen und Frustration auf beiden Seiten vermeiden. Vieles, was der Mensch in seinen vier Wänden als störendes Verhalten seines kätzischen Wohnungsgenossen betrachtet, ist für das Tier selbst völlig normal. So pflegen Katzen zum Beispiel nun einmal ihre Krallen durch Kratzen an rauen Unterlagen. Ist in der Wohnung partout kein geeigneter Baumstamm zu finden, tut es zur Not auch das teure Sofa. Um seine Katze besser zu verstehen, sollte jeder Halter versuchen, die Welt – und insbesondere seine eigene Wohnung – mit Miezes Augen zu betrachten.

Gefüllter Futternapf hin oder her – eine Gelegenheit zur Mäusejagd lässt Mieze nicht aus.

Die Katze lässt das Mausen nicht

Katzen sind die geborenen Jäger. Sowohl Körperbau und Sinne wie auch die Instinkte befähigen sie dazu, Beutetiere aufzuspüren, zu fangen und zu töten. Im Prinzip könnten sich die Minkas und Mollys unserer Städte sehr wohl selbst ernähren, daran haben auch mehrere Jahrtausende Leben mit uns Menschen nichts geändert. Dass sie es angesichts regelmäßig gefüllter Futternäpfe nicht nötig haben selbst zu jagen, macht ihnen zwar das Leben leichter, lässt ihren starken Jagdtrieb aber unbefriedigt. So ist es den Sofatigern nicht zu verdenken, wenn sie jede Gelegenheit ergreifen, Beute zu machen – und zwar völlig unabhängig von etwaigem Hunger. Auch noch so wohlgenährte Katzen reagieren auf leises Rascheln im Gras oder die Bewegung eines kleinen Vogels mit Anpirschen. Ebenso können Schmetterlinge oder Frösche als Jagdobjekte dienen, ersatzweise aber auch geworfene Papierbälle oder Weinkorken. Wie gesagt, es geht Mieze nicht um Futter, sondern ums Jagen an sich.

Verstehen Sie Ihre Katze?

	Ja	Nein
1. Mit senkrecht nach oben gerichtetem Schwanz kommt die Katze auf Sie zu. Ist Mieze freundlich gestimmt?	☐	☐
2. Trotz hellem Licht sind die Pupillen der Katze kugelrund. Hat sie Angst?	☐	☐
3. Die Katze liegt auf dem Boden, die Vorderpfoten eng unter den Körper gezogen. Will diese Katze in Ruhe gelassen werden?	☐	☐
4. Die Ohren der Katze sind so weit seitwärts verdreht, dass die Rückseite der Ohren von vorne zu sehen ist. Ist die Katze wütend und greift gleich an?	☐	☐
5. Zwei Katzen stehen sich gegenüber und schauen sich starr an. Drohen sie einander?	☐	☐

Auswertung: 5-mal ja: Sie verstehen die Katzensprache ebenso gut wie die Katze selbst. 4- bis 3-mal ja: Manchmal interpretieren Sie das Verhalten von Katzen noch falsch. 0- bis 2-mal ja: Um Katzen wirklich kennen zu lernen, sollten Sie noch mehr in diesem Ratgeber nachlesen.

Oft verschmähte Liebesgaben

Wer also mit einem Entsetzensschrei reagiert, wenn seine Katze mit einer Maus oder einem Vogel im Maul nach Hause kommt, verkennt die Natur des Tieres vollkommen. Zweifellos ist kaum eine Hausfrau entzückt über eine halb zerkaute Maus auf dem Teppichboden oder eine bis auf die Daunen gerupfte Amsel im Wohnzimmer, doch wäre es mehr als unfair, die Katze dafür zu tadeln. Aus deren Sicht handelt es sich nämlich um einen prima Jagderfolg, der durchaus Anlass zu Stolz gibt. Und wenn Mieze Ihnen ihre Beute vor die Füße oder gar vors Bett legt, bringt sie Ihnen ein wertvolles Geschenk dar: Sie schleppt Ihnen fürsorglich Futter herbei – ein wahrer Liebesbeweis. Wie enttäuschend und frustrierend muss es da für sie sein, wenn sie dafür ausgeschimpft wird. Katzenversteher beißen in einer solchen Situation die Zähne zusammen, loben die Katze ausgiebig, lenken sie dann ab und lassen ihre Liebesgabe ganz unauffällig verschwinden.

Das Revier gehört mir!

Unsere Katzen haben ein ausgeprägtes Revierbewusstsein. Das ist jedem klar, dessen Mieze Gelegenheit zum freien Herumstreifen hat. Sie will täglich hinaus, meist mehrmals, um ihre Inspektionsrunden im Revier zu drehen. Zwar kommt es gelegentlich zu heftigen, manchmal sogar

Zur Fellpflege zieht sich Mieze an einen für sie sicheren Ort zurück.

blutigen Duellen mit anderen Katzen, aber in den meisten Fällen teilen sich unsere Samtpfoten friedlich oder zumindest diplomatisch ein Stückchen Land. Wobei die Spielregeln durchaus recht kompliziert sein können und für uns gar nicht so leicht zu durchschauen sind.

My home is my castle

Jede Katze hat eine eigentliche Heimatbasis, ihre eigenen vier Wände gewissermaßen, wo sie schläft und wohin sie sich zurückzieht, wenn sie Ruhe braucht oder krank ist. Auch die Jungen werden hier großgezogen. Heimatbasis ist gewöhnlich das Haus, in dem die Katze mit ihren Menschen lebt, bei Wohnungskatzen ist es womöglich nur ein einzelnes Zimmer, bei Bauernhofkatzen oft eine Scheune, bei wild lebenden Katzen eine Ruine, Brücke oder ein anderer Unterschlupf.
Um die »eigenen vier Wände« herum liegt das Heimatrevier, das die Katze ebenfalls noch als ihr persönliches Eigentum betrachtet. Allerdings ist sie durchaus geneigt, es mit Artgenossen zu teilen, und sei es auch nur zu bestimmten Stunden des Tages. Im Heimatrevier befinden sich unter anderem bevorzugte Plätze zum Schlafen und Dösen, zum Sonnenbaden oder Spielen. Die Ausdehnung des Heimatreviers hängt von verschiedenen Faktoren ab, etwa von der Zahl der Katzen in der Umgebung sowie von Geschlecht und Alter unserer Mieze. In den meisten Fällen reicht es aber kaum über den eigenen Reihenhausgarten hinaus. Weibliche sowie kastrierte Katzen beschränken sich auf eher kleine Heimatreviere (die sie jedoch oft

TIPP

Keine ist wie die andere

- Im Charakter und in den Verhaltensweisen zeigen Katzen eine erstaunliche Bandbreite. Schließen Sie daher nie von einer Katze auf die andere, sondern nehmen Sie jede als das, was sie ist: ein Individuum.
- Katzen verschiedener Rassen unterscheiden sich nicht nur im Aussehen, sondern auch im Temperament erheblich. Siamkatzen etwa sind die reinsten Quasselstrippen, Abessinier wahre Energiebündel, Britisch Kurzhaar hingegen eher ruhige Sofahocker. Informieren Sie sich bitte vor der Anschaffung.

vehement verteidigen), potente Kater dagegen nennen deutlich größere Reviere ihr eigen. Teilweise können diese zehnmal so groß sein wie die von Kätzinnen.

Jagdrevier

Jenseits des Heimatreviers befindet sich Miezes Jagdrevier. Es wird durchzogen von einem regelrechten Wegenetz, das es auch mit der Heimatbasis verbindet. Die Katzen einer Gegend benutzen dieses Areal gemeinsam, achten aber sorgfältig darauf, sich auf den Wegen möglichst nicht zu begegnen. Das kann nur klappen, indem sie den Artgenossen Nachrichten im Gelände hinterlassen. Dabei handelt es sich um Duftmarken verschiedenster Art, die ungefähr wie unsere Notizen an einem Schwarzen Brett oder auch wie Graffiti funktionieren. Die Botschaft lautet: »Ich war hier.«

Klein, aber mein

Auch Stubentiger, deren Welt nur aus einer Wohnung oder einem Haus besteht, das sie nicht verlassen dürfen, haben vergleichbare Revierstrukturen, nur eben kleiner. Gegebenenfalls arrangieren

Geeignete Kratz- und Kletterbäume erlauben auch im häuslichen Katzenrevier sportliche Fitnessübungen.

sie sich mit ihren Mitkatzen, wer wann einen bestimmten Sessel als Ruheplatz benützen darf oder wer beim Gang über den Flur den Vortritt hat. Duftmarken, mit den Wangen an Türpfosten oder Sofaecken gerieben, kennzeichnen das Revier als Eigentum und sorgen dafür, dass sich die Katze hier sicher und zu Hause fühlt. Nur mit dem weitläufigen Jagdrevier hapert es in der Wohnung natürlich. Die körperliche Bewegung, die mit langen Streif- und Jagdzügen verbunden ist, muss sich eine Wohnungskatze auf andere Weise verschaffen, zum Beispiel durch ausgiebiges Spielen. Nicht wenige Wohnungskatzen starten auch regelrechte Joggingprogramme, bei denen sie ohne erkennbaren Anlass durch die Wohnung galoppieren, von einem Ende zum anderen. Sie sind dann weder übergeschnappt noch übermütig, sondern betreiben lediglich etwas Ausgleichssport.

Freigang, ja oder nein?

»Eine Katze muss draußen herumlaufen dürfen. Sie einzusperren ist reine Quälerei.« So lautet eine alte und weit verbreitete Meinung über

Katzenhaltung. Doch vor allem in der Stadt nimmt die Zahl der Katzen, die ausschließlich in der Wohnung gehalten werden, immer mehr zu. Aus verständlichen Gründen, denn wer will schon seinen Liebling den Gefahren einer stark befahrenen Straße aussetzen? Insbesondere teure Rassekatzen führen meist ein sorgsam behütetes Leben hinter geschlossenen Fenstern und Türen, während »gewöhnliche« Hauskatzen schon eher mal über Balkone turnen und sich in Hinterhöfen treffen dürfen. Nun ist es aber keineswegs so, dass alle reinen Wohnungskatzen an Verhaltensproblemen leiden, weil sie ihre Instinkte nicht genügend ausleben können. Glücklicherweise sind unsere Samtpfoten erstaunlich anpassungsfähig. In der Regel arrangieren sich die meisten von ihnen mit den gegebenen Möglichkeiten einer Wohnung recht gut und scheinen nichts zu vermissen, zumindest wenn sie die Welt »draußen« nie kennen gelernt haben. Das A und O ist allerdings, dass sie ihren angeborenen Verhaltensweisen, besonders ihrem Jagdtrieb bzw. Beutefangverhalten, auch in der Wohnung nachgehen können. Das fordert natürlich von ihren menschlichen Mitbewohnern einiges an Kreativität, Zeit für gemeinsame Spiele und vor allem an Toleranz. Ein katzengerechtes Wohnzimmer sieht nun einmal nicht nach Designerausstattung aus, es erhält seinen individuellen Touch vielmehr durch zerfledderte Kratzbäume, schiefe Hängematten und herumliegende, halbzerkaute Fellmäuse.

Aus dem Gartenteich schmeckt's einfach besser als aus dem Wassernapf.

Lass mich raus!

Schwieriger wird die Sache mit Katzen, die ein Leben draußen von früher kennen und sich nun, etwa bedingt durch einen Umzug, auf die Quadratmeter innerhalb von vier Wänden beschränken sollen. Für sie muss diese Fläche schon besonders groß und vor allem reich strukturiert sein, damit sie ihr einstiges weites Streifgebiet und Jagdrevier nicht vermissen. Und manche, das muss ehrlich gesagt werden, können sich nie an die eingeschränkte Situation gewöhnen und entwickeln aus ihrem seelischen Kummer heraus das eine oder andere Problemverhalten.
In solchen Fällen kann es tatsächlich für Mensch und Tier besser sein, für Mieze ein neues Zuhause zu finden – eines mit Auslaufmöglichkeit.

Nur keine Langeweile

Katzen sind hochintelligente Tiere, die nicht nur in ihren körperlichen, sondern auch in ihren geistigen und sozialen Fähigkeiten gefordert werden wollen. Ist dies zu wenig der Fall, macht sich rasch Langeweile breit, und Langeweile bedeutet Frust. Und zwar für Tier und

So ein Kletterbaum ist schon etwas Feines! Beim spielerischen Turnen wachsen Mut und Sicherheit der jungen Klettermaxen.

Mensch gleichermaßen: Tier sucht sich eigenständig eine Ersatzbeschäftigung, Mensch ist darüber selten entzückt. Allerdings sollten Sie es nicht ihrem Stubentiger anlasten, wenn er aus purer Langeweile die Teppichecke zerfleddert, die neuen Vorhänge für Kletterpartien nutzt oder ihre schönste Zimmerpflanze entlaubt. Bieten Sie ihm unbedingt einen katzengerechten Alltag, regelmäßiges Spielen, die Gesellschaft von Artgenossen oder auch ein großes Gartenrevier. All das wirkt Langeweile entgegen.

Wobei – es sei hier nochmals ausdrücklich betont – die einzelnen Katzenpersönlichkeiten höchst unterschiedlich reagieren. Wie bei uns gibt es auch bei den Cats Einzelgänger und Gesellschaftsnudeln, Hyperaktive und Phlegmatiker, neugierige Abenteurer und vorsichtige Gewohnheitstiere. Doch wer seine Katze genau beobachtet und sie gut kennt, sie als Individuum akzeptiert und natürlich entsprechend auf sie eingeht, wird das Zusammenleben mit ihr uneingeschränkt genießen können.

GUT ZU WISSEN

Was sich Katzen von uns wünschen

Zeit für Spiele

✔ Vor allem reine Wohnungskatzen brauchen ein tägliches Fitnessprogramm. Am schönsten ist es, wenn ihr Mensch sich als Fitnesstrainer betätigt und sie z. B. Papierbälle jagen oder nach Federpuscheln springen lässt.

Zeit zum Schmusen

✔ Die täglichen Streicheleinheiten sind ein Muss für die Katzenseele. Und der Menschenseele tun sie nachweislich ebenso gut.

Regelmäßige Fütterung

✔ Wenn es nach Mieze geht, sollte der Futternapf stets zur gleichen Zeit gefüllt werden und an einer ungestörten Stelle stehen.

Eine saubere Toilette

✔ Ein sehr intimer und daher heikler Punkt im Katzenalltag. Wenn das stille Örtchen nicht stimmt, kann kein Wohlbefinden aufkommen.

Gelegenheit zum Kratzen

✔ Ein Kratzbaum oder Kratzbrett sind notwendige Utensilien für die Krallenpflege, dienen aber auch zur Reviermarkierung.

Rückzugsmöglichkeiten

✔ Für Miezes ausgedehnte Schlafphasen ist ein ungestörtes Plätzchen überaus wichtig.

Verhaltensdolmetscher
Katze

Verstehen Sie die Signale einer Katze richtig? Hier erfahren Sie, was Ihr Liebling mit seinem Verhalten ausdrücken möchte ? und wie Sie richtig darauf reagieren →.

Die Katze bleibt wie versteinert stehen und schneidet mit geöffnetem Maul eine »Grimasse«.

? Saugt Luft ein (»flehmt«), um einen Geruch zu prüfen.
→ Stören Sie das Tier jetzt nicht. Gerüche sind für Katzen wichtige Informationsquellen.

Der Kater beriecht ausgiebig das Hinterteil einer Kätzin.

? Kennenlernen nach Katzenart: Nase gegen Nase, dann an der Kehrseite schnuppern.
→ Nicht einmischen! Die gegenseitige Geruchsprüfung gehört zur Katzenkommunikation.

Höchst interessiert beriecht das Kätzchen die Stelle, an der sich kurz zuvor ein revierfremder Artgenosse aufgehalten hat.

? Es prägt sich den Geruch des unbekannten Nachbarn ein.
➜ Nicht stören! Das Kennenlernen der Nachbarn ist wichtig für das soziale Leben.

Sichtlich entspannt räkelt und wälzt sich Mieze im Gras.

? Sie fühlt sich wohl und hätte nichts gegen ein paar Streicheleinheiten.
➜ Gewähren Sie ihr eine Streicheleinheit – aber achten Sie auf die Signale von Unwilligkeit.

Konzentriert bearbeitet Mieze mit den Krallen den Stamm.

? Sie pflegt so nicht nur ihre Krallen, sondern bringt auch eine Reviermarkierung an.
➜ Ihre Katze hat ein gesundes Selbstbewusstsein.

Mit gesträubtem Fell steht die Katze da und gibt ein kehliges Heulen von sich.

? Dieses Imponiergehabe soll Angst verbergen und den Gegner einschüchtern.
➜ Sanfte Worte stärken Miezes Selbstbewusstsein.

Fragen rund um das Leben und den Umgang mit Katzen

? Weil wir unsere Katze Molly leider nicht ins Freie lassen können, beschäftigen wir uns jeden Tag so lange wie möglich mit ihr, damit ihr nicht langweilig wird. In letzter Zeit faucht sie uns aber immer häufiger an, wenn wir mit ihr spielen wollen. Was ist denn nur in sie gefahren?
Unsere Sofatiger haben ein ausgesprochen hohes Bedürfnis nach Ruhephasen, das unbedingt respektiert werden sollte. Im Durchschnitt verbringt Mieze 16 Stunden pro Tag mit Schlafen oder Dösen. Während sich junge Katzen noch recht leicht jederzeit zu einem Spielchen animieren lassen, legen ältere immer mehr Wert auf Einhaltung ihrer Schlafpausen – und wissen dies gegebenenfalls auch mit einigem Selbstbewusstsein durchzusetzen. Spielen Sie daher nur dann mit Ihrer Katze, wenn sie von sich aus Interesse zeigt.

? Wir haben eine Katze aus dem Tierheim geholt. Das Tier schnurrt häufig und mit großer Ausdauer. Können wir daraus schließen, dass sich Minka bei uns wohl fühlt?
Sofern Ihre Katze gesund und munter ist, können Sie ihr Schnurren auf jeden Fall als Zeichen des Wohlfühlens interpretieren. Ganz allgemein handelt es sich beim Schnurren um ein freundliches soziales Signal. Eine Katze setzt es z. B. auch als prophylaktische Beschwichtigung ihres Gegenübers ein im Sinne von: »Tu mir nichts, ich tu dir auch nichts!« So schnurren oft auch kranke oder verletzte Katzen in der Tierarztpraxis. Sozial höher stehende Katzen schnurren, wenn sie sich einer niedriger stehenden in freundlicher Absicht nähern, gewissermaßen zu deren Beruhigung. Katzenkinder schnurren oft, wenn sie erwachsene Katzen mit Pfoteneinsatz zum Spielen auffordern, was dann soviel heißt wie: »He du, ich will dich nicht ärgern, nur spielen!«

Spielen hält fit und macht Spaß – zu zweit noch viel mehr als alleine.

? Unsere beiden Katzen dürfen nach Belieben raus. Brauchen sie denn wirklich auch noch im Haus einen Kratzbaum? Sie haben doch im Garten ausreichend Kratzgelegenheit.
Ihre Krallen schärfen können sie zweifellos besser an den Baumstämmen im Garten, doch dient das Kratzen vor allem auch der Markierung ihres Wohnreviers. Und daher werden es Ihre beiden Lieblinge im Haus nicht bleiben lassen. Wenn Sie also Wert auf unversehrte Polstermöbel und Tapeten legen, sollten Sie ihnen eine geeignete Kratzgelegenheit zur Verfügung stellen. Es muss nicht unbedingt ein hoher Kratzbaum sein, vielfach werden auch Kratzbretter, die unauffällig an einer Wand befestigt werden können, gerne angenommen.

? Unsere Jenny bringt öfters eine Maus mit nach Hause, die noch lebt, und spielt dann mit ihr. Warum tötet sie ihre Beute nicht kurz und schmerzlos?
Die Katze folgt lediglich ihren Instinkten und Trieben. Im Falle des Spiels mit der Maus reagiert sie ihren aufgestauten Jagdtrieb ab, der aufgrund eines fürsorglich gefüllten Futternapfs bei weitem nicht genug zum Einsatz kommt. Außerdem ist die Katze ihr Leben lang bemüht, ihre Fähigkeiten als Jägerin zu trainieren und zu vervollkommnen. Die Maus muss in diesem Fall als Übungsobjekt herhalten.

? Immer wieder trinkt unser Kater Mikesch Wasser aus der Blumenvase, obwohl stets ein Schälchen mit frischem, sauberem Wasser für ihn bereit steht. Stimmt etwas nicht mit unserem Leitungswasser?
Meist liegt es nicht am Wasser selbst (es sei denn, es kommt gechlort aus der Leitung), sondern an den Spuren von Spülmittel, die am Schälchen haften. Spülen Sie daher den Wassernapf Ihres Katers nach jeder Reinigung besonders gründlich mit Wasser nach. Aber keine Sorge, wenn Ihr Kater trotzdem das »Schmutzwasser« bevorzugt. Die Mikroorganismen und verrottenden Pflanzenteile darin verleihen dem Wasser ein Aroma, das eine Katze als angenehm empfindet und das ihr gesundheitlich überhaupt nicht schadet.

MEINE TIPPS FÜR SIE

Helga Hofmann

Missverständnissen vorbeugen

- Für eine Katze besteht Verständigung nicht nur aus Sprache. Auch Körperhaltung, Gestik und Mimik ihres Gegenübers haben für sie große Bedeutung. Achten Sie darauf, keine unkontrollierten, aggressiv wirkenden Bewegungen zu machen, wenn Sie mit Ihrer Katze sprechen.
- Starke Gerüche, etwa intensives Parfüm, irritieren Katzen oft sehr. Verzichten Sie bei den Schmusestunden mit Mieze am besten darauf, verwenden Sie vor allem kein neues Parfüm.
- Musik, die für uns angenehm klingt, kann für feine Katzenohren unangenehm oder gar schmerzhaft laut sein. Kein Wunder, wenn Mieze unleidlich reagiert. Musik bitte leiser stellen!
- Um der Katze zu signalisieren, dass alles gut und die Welt in Ordnung ist, können Sie leise murmeln oder flüstern. Die monotonen Laute interpretiert Mieze als eine Art Schnurren.

Katzen richtig erziehen

Lernen fürs Leben Seite 18–19

Was Mieze lernen muss Seite 20–21

Strafen – ein heikles Thema Seite 22–23

Frage & Antwort Seite 24–25

Lernen fürs Leben

Wenn zwei so ungleiche Wesen wie Katze und Mensch harmonisch miteinander leben wollen, bedarf es einiges an Lernen und Anpassung – von beiden Seiten. Während sich der Mensch nicht zuletzt aus Büchern über seinen vierbeinigen Freund informieren kann, lernt die Katze in erster Linie durch die Erfahrungen, die sie in ihrem Leben macht.

»Hier darf ich nach Lust und Laune kratzen. Mach ich doch gerne!«

Frühe Erfahrungen

Verhaltensforscher haben herausgefunden, dass es in der frühen Kindheit einer Katze eine Entwicklungsphase gibt, die für ihr späteres soziales Verhalten ausschlaggebend ist. Diese so genannte Sozialisierungsphase reicht von der zweiten bis zur siebten Lebenswoche. Erfahrungen, die das Kätzchen in dieser Zeit mit Artgenossen, aber auch mit anderen Tieren oder mit Menschen macht, prägen es für sein ganzes Leben. Das heißt, Stubentiger, die bereits als Babys einen intensiven und angenehmen Kontakt mit Menschen hatten, entwickeln sich in aller Regel zu menschenfreundlichen und selbstbewussten Familienkatzen. Kätzchen dagegen, die wild oder in der Scheune eines Bauernhofs aufwachsen, bleiben zeitlebens Menschen gegenüber eher scheu und zurückhaltend. Gut also, wenn man bei der Aufnahme eines Kätzchens als neues Familienmitglied dessen Kinderstube kennt. Auch um das Verhalten einer erwachsenen Katze richtig zu beurteilen, sollte man immer deren »Startbedingungen« berücksichtigen.

Das »Flegelalter«

Was müssen junge Katzen nicht alles lernen! Genau wie unsere Kinder und Jugendlichen saugen sie alles Neue auf wie ein Schwamm, üben im Spiel neue Fähigkeiten und probieren ihr Können an allem aus, was ihnen zwischen die Pfoten kommt. Dies ist folglich die Zeit, in der sie auch am leichtesten und schnellsten lernen, sich in eine Menschenfamilie einzufügen und deren Regeln zu beachten. Allerdings nur, wenn man es ihnen in einer für sie verständlichen Art und Weise beibringt (→ Meine Tipps für Sie, Seite 25). Im Großen und Ganzen verhalten sich Katzenjünglinge und -mädchen nicht anders als menschliche Teenies: Übermütig testen sie immer wieder ihre Grenzen aus und schlagen auch gelegentlich über die Stränge. Sie springen ältere Mitkatzen aus dem

1 **Der erste Gang zur Toilette**

Eines der ersten Dinge, die ein Hauskätzchen lernen muss, ist die Katzentoilette zu benutzen. Sobald die Kleinen anfangen, die Welt außerhalb ihres Nestes zu erkunden, stellt man ihnen eine kleine Toilette mit Streu hin. Beim neugierigen Spiel mit den Steinchen kommen sie dann ganz von selbst darauf, wofür das Ding gut ist.

2 **Einander kennen lernen**

Das erste gegenseitige Kennenlernen ist für Mensch und Tier ein spannender Moment. Am besten stellen Sie sich der Katze nach Katzenart vor. Begegnen Sie Mieze auf Augenhöhe und lassen Sie sie zunächst einmal an Ihrer Hand riechen, bevor Sie sie sanft streicheln. Auf diese Weise ist das Eis rasch gebrochen.

Hinterhalt an, klettern trotz eines lautstarken »Nein!« immer weiter an der Gardine hoch oder tollen so über das Fensterbrett, dass auch schon mal ein Blumentopf das Zeitliche segnet. Solche »Ausbrüche« können ausgesprochen nervend sein, für Zwei- wie Vierbeiner gleichermaßen, doch gehören sie zum Flegelalter einfach dazu. Ein Trost für alle Leidtragenden: Auch das Flegelalter geht vorüber. Bislang ist noch jede Katze mit den Jahren in ihrer Art ruhiger geworden – früher oder später.

Erwachsenen- und Seniorenalter

»Was Hänschen nicht lernt, lernt Hans nimmermehr.« Dieses Sprichwort stimmt für uns Menschen genauso wenig wie für Katzen. Es dauert im Alter halt ein wenig länger, bis man etwas Neues »intus« hat. Nichtsdestotrotz bleibt die grundsätzliche Fähigkeit zu lernen das ganze Leben erhalten. Nur die Bereitwilligkeit, zu lernen und neue Erfahrungen zu machen, nimmt bei vielen mit den Jahren rapide ab – bei Menschen ebenso wie bei Katzen.

Wenn Sie also eine erwachsene oder gar alte Katze bei sich aufgenommen haben, sollten Sie mit besonderer Geduld zur Sache gehen und sich auf eine längere Eingewöhnungszeit einstellen als bei einem jungen Kätzchen. Doch auch hier gilt, wie generell bei Katzen: Die individuellen Unterschiede sind ausgesprochen groß. Während die eine Katzenseniorin schon am zweiten Tag interessiert durch die neue Wohnung streift, bleibt die andere erst einmal zwei Wochen unter dem Sofa verschwunden.

Was Mieze lernen muss

Bei aller Bereitschaft von Katzenfreunden, ihrem samtpfotigen Hausgenossen eine Menge Zugeständnisse zu machen, bleiben doch etliche Punkte bestehen, in denen sich Mieze ihrerseits den menschlichen Vorstellungen beugen sollte. Das ist z. B. der Fall, wenn es um die Unversehrtheit der Möbel geht oder um Ordnung und Hygiene im Haushalt.

Der Tisch sollte tabu sein. Lernziel nicht erreicht.

Ebenso muss der Tagesrhythmus nicht von der Katze, sondern von den menschlichen Mitgliedern der Familie vorgegeben werden, ist er doch sehr häufig von Berufstätigkeit oder kleinen Kindern bestimmt. Nicht zuletzt hat jeder Katzenhalter auch einen berechtigten Anspruch auf Nachtruhe, der von seinem vierbeinigen Hausgenossen zu respektieren ist. Glücklicherweise sind Katzen ausgesprochen lern- und anpassungsfähige Tiere. So liegt es »nur« an Ihrem pädagogischen Geschick, den Sofatigern zu vermitteln, wie sie sich in der Wohngemeinschaft zu verhalten haben.

Wie sag ich's meiner Katze?

Soll Ihr Stubentiger zu einem angenehmen Hausgenossen werden, muss er also eine ganze Menge »Etikette« lernen. Das erfordert eine gute Portion Geduld Ihrerseits. Katzen brauchen gewöhnlich um einiges länger als Hunde, bis sie ein Lernziel erreicht haben und das Gelernte auch wirklich richtig »sitzt«. Wenn Sie sich an einige »Goldene Regeln« halten, werden Sie den Erfolg Ihrer Erziehungsbemühungen bald feststellen.

Erwünschtes belohnen!
Seien Sie sich darüber im Klaren, dass Ihre Katze nichts nur Ihnen zuliebe tut. Auch Einsicht und Rücksichtnahme sind ihr absolut fremde Werte. Der einzige Anreiz etwas zu tun, respektive zu lassen, ist eine Belohnung. Dabei muss diese keineswegs immer aus etwas Fressbarem bestehen, auch ein paar Streicheleinheiten, ein liebes Wort oder ein kleines Spiel sind ihr Lohn genug. Denken Sie also auf Katzenart und sorgen Sie immer dafür, dass es sich für Mieze unmittelbar lohnt, sich in der erwünschten Weise zu verhalten.

Keine Ausnahmen!
Absolut konsequentes Einhalten der einmal aufgestellten Regeln ist das A und O der Katzenerziehung. Gründe für Ausnahmen mögen für uns noch so erklärlich sein – die Katze wird die neue Situation unverzüglich als Aufhebung

der alten Regelung interpretieren. Sie wird verwirrt (und wahrscheinlich auch ziemlich sauer) reagieren, wenn bei nächster Gelegenheit die alten Regeln doch wieder gelten sollen. Achten Sie auch darauf, dass andere Personen, etwa Gäste, sich an Ihre Regeln halten. Haben Sie z. B. Ihrer Samtpfote beigebracht, dass Betteln bei Tisch keinen Erfolg bringt, und eines Tages lässt ein wohlmeinender Gast Mieze ein Häppchen von seinem Teller zukommen, werden Sie von da an einen fordernd maunzenden Hausgenossen neben dem Esstisch sitzen haben.

Die Wortwahl beibehalten! »Nein!«, »Pfui!«, »Lass das!«, »Böse Katze!« – und alles soll dasselbe bedeuten? Das verwirrt und überfordert Mieze. Entscheiden Sie sich für ein Verbotswort und bleiben Sie dabei. Dann wird Ihre Katze in kürzester Zeit wissen, was Sache ist, sobald sie dieses Wort von Ihnen in nachdrücklichem oder gar scharfem Ton hört.

Nicht nachträglich strafen! Stellen Sie sich einmal die folgende Situation vor: Sie kommen ins Wohnzimmer und stellen fest, dass Ihre Katze in Ihrer Abwesenheit Ihre Lieblingspflanze samt Übertopf vom Fensterbrett auf den Boden befördert hat. Lautstark schimpfen Sie Mieze, die mittlerweile aber längst selig in ihrem Körbchen schlummert. Das Tier kann das Schimpfen in einem solchen Fall nur auf das Liegen im Körbchen beziehen – und wird verunsichert reagieren. Eine Bestrafung, gleich welcher Art, kann nur dann für die Katze begreifbar sein, wenn sie unmittelbar erfolgt, noch während sie mit ihrer Missetat zugange ist.

Wird Schlafen im Bett einmal erlaubt, besteht Mieze immer auf dieses Recht.

CHECKLISTE

Mieze muss lernen,

- ✔ dass sie herbeikommt, wenn Sie sie mit ihrem Namen rufen (→ Seite 22).
- ✔ dass sie für ihr »Geschäft« in der Wohnung ausschließlich die Katzentoilette benützt.
- ✔ dass sie sich beim Kratzen nur am Kratzbaum ans Werk macht, nicht hingegen an Sofa, Tapete etc.
- ✔ dass bestimmte Plätze im Haus tabu für sie sind, z. B. der Esstisch oder der Herd.
- ✔ dass eine Transportbox keine Gefahr darstellt und es deshalb keinen »Aufstand« wert ist, wenn sie dort hineingehen soll.
- ✔ dass Autofahren zwar unangenehm, aber gänzlich ungefährlich ist.

Strafen – ein heikles Thema

Der alte Spruch »Strafe muss sein!« ist bei der Katzenerziehung kein gutes Motto. Erstens können Sie nur schwer sicherstellen, dass die Katze Ihre Strafmaßnahme auch tatsächlich auf das bezieht, was Sie damit gemeint haben. Und zweitens passiert es nur allzu leicht, dass das Tier, insbesondere bei wiederholten Strafaktionen, mit Misstrauen und Furcht Ihnen gegenüber reagiert.

Mit Lob und Streicheln sollte bei der Erziehung nicht gegeizt werden.

Schläge sind tabu

Vor allem sollten Sie auf gar keinen Fall handgreiflich werden, weder mit der bloßen Hand noch mit einer gefalteten Zeitung oder ähnlichen Schlagwerkzeugen. Besser ist es, den Übeltäter zu erschrecken, sei es durch ein plötzliches lautes Geräusch, sei es durch einen Strahl Wasser aus einer Blumenspritze oder Wasserpistole. Das lenkt die Katze »schlagartig« von ihrem unerwünschten Tun ab. Logischerweise kann der beabsichtigte Effekt dabei nur eintreten, wenn das Timing stimmt, wenn also Geräusch oder Wasserdusche noch während der Übeltat auftreten. In der Praxis bedeutet dies, dass Sie eine Wasserspritze oder ein Lärminstrument griffbereit im Zimmer liegen haben sollten, wenn Sie gerade versuchen, einem jungen Kätzchen Manieren beizubringen oder einer erwachsenen Katze eine Unart abzugewöhnen.

Durch Lärm erschrecken

Als Schreckmittel eignet sich z. B. eine zusammengefaltete Zeitschrift, die Sie auf den Tisch schmettern, oder ein Topfdeckel aus Metall, der auf die Arbeitsplatte niederknallt. Ebenso wird eine geschlossene Blechdose, gefüllt mit Nägeln, zur wirksamen

TIPP

Wie Mieze ihren Namen lernt

- Sprechen Sie das Tier anfangs so oft wie möglich mit seinem Namen an.
- Belohnen Sie Mieze jedes Mal, wenn sie auf den Namensruf herbeigekommen ist, mit einem Leckerchen oder mit Streicheln.
- Vermeiden Sie es, den Namen in Verbindung mit etwas Unangenehmem zu nennen, etwa mit Eingesperrtwerden. Die Katze würde dann ein negatives Erlebnis mit dem Klang ihres Namens verbinden und sich bei Ihrem nächsten Ruf aus dem Staub machen.

»Schreckschusswaffe«, wenn sie plötzlich geschüttelt oder auf den Boden geworfen wird. Nie auf die Katze werfen! Ob auch bloßes Händeklatschen seinen Zweck erfüllt, hängt von der Lautstärke Ihres Klatschens und von der Empfindsamkeit der Katze ab. Auf jeden Fall hat es den Vorteil, dass es schnell und überall einsetzbar ist. Kombinieren Sie den Lärm jedesmal mit einem scharfen »Nein!« (oder einem anderen Verbotswort). Mit der Zeit verbindet die Katze Ihr bloßes »Nein« mit einer für sie unangenehmen Situation und wird es künftig als Kommando auffassen, sofort von ihrem Tun abzulassen. Vermeiden Sie beim Schimpfen aber die Nennung von Miezes Namen! Der sollte in Miezes Gedächtnis nur mit positiven Dingen verknüpft sein.

Eine Blumenspritze, im richtigen Augenblick als kalte Dusche eingesetzt, stellt ein wirksames Erziehungsmittel dar.

Tadel nach Katzenart

Nach einer gewissen Zeit weiß eine Familienkatze gewöhnlich ganz genau, was sie darf und was nicht. Was jedoch keineswegs bedeutet, dass sie sich immer daran hält. Wenn Sie sie aber bei einem »Fehltritt« ertappen, genügt meistens schon eine knappe Ermahnung, und die Spielregeln sind wieder in Kraft gesetzt. So wie Streicheln oder liebe Worte für die Katze bereits eine Belohnung darstellen, genügt oft eine kurze Geste, um ihr Ihren Unwillen klarzumachen. Ein scharfes »Schhhh« und dazu ein erhobener Zeigefinger, das ist für eine Katze unschwer zu verstehen, entspricht es doch recht genau dem ärgerlichen Fauchen und der drohend erhobenen Pfote eines Artgenossen.

Fragen rund um die Erziehung

? Kürzlich kam ich in die Küche und musste feststellen, dass sich unser einjähriger Kater Kasimir wieder einmal an einem frisch gebackenen Kuchen bedient hat. Wie kann ich ihm am besten im Nachhinein verständlich machen, dass er das nicht darf?

Ich fürchte, überhaupt nicht. Sämtliche Tadel und Strafen kann eine Katze nur auf etwas beziehen, was sie in diesem Moment tut. Wenn Sie eine Missetat erst im Nachhinein entdecken, bleibt Ihnen für dieses Mal nur, zähneknirschend zu schweigen. Nehmen Sie sich vor, dem Kater in Zukunft keine Gelegenheit mehr zum Kuchendiebstahl zu geben, indem Sie entweder die Backwerke z. B. mit einer Haube sichern oder das Tier vorübergehend aus der Küche verbannen.

? Stimmt es eigentlich, dass Katzen Namen mit »i« ganz besonders leicht lernen können?

Wichtiger als ein heller »i«-Laut ist die Länge des Namens. Zwei- oder mehrsilbige Namen wie Molli, Charly, Findus oder Marilyn heben sich dem Klang nach von knappen Kommandozurufen wie »Nein!«, »Raus!« oder »Komm!« deutlich ab. Namen wie Tom oder Klaus könnten hingegen leicht zu Verwechslungen bei Ihrem samtpfotigen Hausgenossen führen.

? Meine Katze Isabell ist ein ausgesprochen liebes Tier und macht mir sehr viel Freude. Aber natürlich kommt es auch gelegentlich vor, dass ich sie tadeln muss, wozu gewöhnlich meine erhobene Stimme ausreicht. Meist setzt sie sich dann einfach hin und fängt an, sich zu putzen. Warum ist Isabell eigentlich jedes Mal um Reinlichkeit bemüht, wenn ich sie schimpfe?

In diesem Fall hat das Sichputzen nichts mit Körperpflege zu tun, sondern ist eine reine Verlegenheitsreaktion. Isabell ist verunsichert und unschlüssig, was sie tun soll (weglaufen oder doch nicht?), und beginnt erst einmal, etwas Drittes zu tun, nämlich sich zu putzen. Das entspricht einem Menschen, der z. B. einen Vortrag halten soll, des-

Erhobener Finger, ein scharfes »Sch« – das ist eine Ermahnung, die Mieze versteht.

halb nervös ist und am liebsten weglaufen würde. Weil das aber nicht geht, beginnt er eben, seinen Kugelschreiber an- und auszuknipsen oder an der Krawatte herumzunesteln, obwohl er jetzt weder schreiben noch sich umkleiden will. Die Verhaltensforscher nennen so etwas eine Übersprunghandlung. Bei Katzen hat sehr häufig das Sichputzen die Funktion von Kugelschreiber oder Krawatte bei uns Menschen.

? Mein neunjähriger Kater Tommy beherrscht es meisterlich, Türen zu öffnen. Voriges Jahr gesellte ich ihm ein junges Katerchen als Gefährten hinzu. Neulich nun konnte ich erstaunt zusehen, wie auch der Jungkater zur Türklinke hochsprang und die Tür öffnete. Lernen das denn alle Katzen über kurz oder lang?

Nein, sicher nicht. Aber Katzen lernen durchaus durch Abschauen voneinander. Das lässt sich nicht nur bei kleinen Kätzchen und ihrer Mutter beobachten, sondern auch zwischen erwachsenen Katzen. Sehr zum Leidwesen von Katzenhaltern übernehmen sie nicht nur erwünschte Fertigkeiten von ihren Vorbildern, z. B. die Benutzung einer Katzenklappe, sondern auch Unsitten wie etwa das Betteln bei Tisch oder eben das Öffnen von Türen.

? Vor drei Monaten nahmen wir eine junge Katze aus dem Tierheim bei uns auf. Minka hat sich rasch bei uns eingelebt. Leider lässt sie sich weder von meinem Mann noch von unserem Sohn streicheln, während sie es von meiner Tochter und mir sichtlich genießt. Was machen unsere Männer falsch?

Wahrscheinlich hat Ihre Minka früher einmal ziemlich schlechte Erfahrungen mit männlichen Personen gemacht und ist deshalb nun allen Männern gegenüber misstrauisch. Da hilft in erster Linie nur Geduld. Mit Schimpfen oder Strafen sollten sich Ihr Mann und Ihr Sohn allerdings bei Minka streng zurückhalten, bis das Vertrauen der Katze zu ihnen gewachsen ist. Förderlich für die Beziehung ist hingegen sicher, wenn Minka ihr Futter in nächster Zeit möglichst oft aus Männerhand bekommt.

MEINE TIPPS FÜR SIE

Helga Hofmann

Goldene Regeln für die Erziehung

- Verstärken Sie »braves« Verhalten, indem Sie es so oft wie möglich belohnen, z. B. mit Leckerchen! Nicht nur Liebe, auch Lernen geht durch den Magen!
- Unerwünschtes Verhalten müssen Sie mit großer Konsequenz jedes Mal unterbinden! Ist eine Regel erst einmal von Ausnahmen »durchweicht«, stellt sie für Mieze überhaupt keine Regel mehr dar.
- Strafen können, sofern überhaupt, nur dann zum gewünschten Ziel führen, wenn sie unmittelbar während des verbotenen Tuns erfolgen. Bemerken Sie die Missetat im Nachhinein, bleibt Ihnen nur der gute Vorsatz, in Zukunft besser aufzupassen und Mieze keine Gelegenheit zur Wiederholung zu geben.
- Schlagen Sie nie nach Ihrer Katze! Handgreiflichkeiten würde deren Vertrauen zu Ihnen massiv trüben und sie womöglich sogar handscheu machen.

Katzenverhalten, das uns stört

Mieze benimmt sich daneben	Seite 28–31
Stille Geschäfte am falschen Ort	Seite 32–35
Beißen nicht erlaubt!	Seite 36–37
Frage & Antwort	Seite 42–43

Mieze benimmt sich daneben

Wir lieben unsere Samtpfoten, kein Zweifel. Aber manchmal können sie uns auch zur Verzweiflung bringen. Dann nämlich, wenn sie sich partout nicht unseren Vorstellungen von Wohnen

Schon wieder ist ein Spielzeug unters Bett gerutscht.

und Zusammenleben fügen wollen oder wenn sie plötzlich Dinge tun, die wir Menschen als unangenehm empfinden. Doch nicht umsonst wurde dieses Kapitel »Verhalten, das uns stört« benannt und nicht etwa »Verhaltensstörungen«. Es geht hier um Verhaltensweisen, die für die Katze eigentlich völlig normal sind, die wir in unserem menschlichen Zuhause jedoch ausgesprochen störend finden. Zum Glück lässt sich in aller Regel Abhilfe schaffen.

Notorischer Jagdeifer

Situation: Die Katze Mimi jagt alles, was ihr gerade zwischen die Pfoten kommt, von Kugelschreiber über Hydrokultursteinchen bis zu den Legosteinen der Kinder. Und all dies sammelt sich dann mit der Zeit unterm Sofa.

Ursache: Regungsloses Lauern, dann geducktes Anpirschen, ein schneller Sprint, zuletzt ein präziser Sprung – normalerweise hat die Katze bei diesem Bewegungsablauf eine Maus, einen Vogel oder ein anderes katzenübliches Beutetier im Visier. Da aber »echte« Beutetiere für Mieze in der Wohnung selten erreichbar sind, richtet sich hier ihr jägerisches Augenmerk auf alles andere, das sich bewegt oder per Pfotenschubs dazu gebracht werden kann. Das Beutespiel dient dem Abbau des kätzischen Jagdtriebs und stellt zugleich ihr Routinetraining für die Jagdgeschicklichkeit dar.

Was Sie tun können: Wenn Ihre Katze allzu »jagdeifrig« ist und Sie ständig Kleinteile vermissen oder, schlimmer noch, auf dem Teppich zertreten, kann eine regelrechte Spieltherapie Miezes Jagdaktivitäten in kontrolliertere Bahnen lenken. Spielen Sie täglich mehrmals mit Ihrem Liebling wilde Jagd- und Fangenspiele. Ob Walnuss oder Weinkorken, ein zusammengeknüllter Papierball oder ein kleines Wollknäuel (mit fest verknotetem Ende, damit sich der Faden nicht abwickelt und Mieze beim »Kämpfen« womöglich stranguliert) – als Jagdobjekt eignet sich vieles, natürlich ebenso die zahllosen Varianten von Spielmäusen oder Spielbällen aus dem Heimtier-Fachhandel. Besonders reizvoll für die kleinen Wildfänge sind die so genannten Katzen-Angeln, die Sie auch leicht selbst machen können: ein Stöckchen (z.B. Bambus), am Ende ein langes Stück Gummischnur, an dem ein Büschel Federn baumelt – fertig. Und los geht die wilde Jagd! Lassen Sie Ihre Katze so lange rennen und springen, bis sie müde ist und von sich aus das Spiel beendet.

Stibitzen

Situation: Pussy liebt es, Kirschen aus der Obstschale und Nüsse aus dem Adventsteller zu stibitzen, wenn sie in Spiellaune kommt.
Ursache: Natürlicher Spieltrieb und Langeweile.
Was Sie tun können: Legen Sie einfach eine Zitrone in den Teller, die Sie zusätzlich noch anstechen können, damit sie stärker duftet. Reine Zitronenschale erfüllt den gleichen Zweck, nämlich Pussy fern zu halten. Die meisten Katzen verabscheuen Zitrusduft. Wo eine Zitrone nicht ins Bild passt, können Sie auch zu Zitronen- oder Orangenöl (Aromaöl) greifen, das mit Wasser verdünnt und in eine Spritzflasche gefüllt wird. Damit eingesprüht, werden so verführerische Objekte wie die Kugeln am Christbaum oder ein Osterstrauß mit baumelnden Eiern für schubsende Katzenpfoten unattraktiv.

Ein Schinkenbrot und niemand in der Nähe – eine große Versuchung!

Naschkatzen

Situation: Sobald Frauchen den Raum verlässt, springt Kater Kasimir auf den Tisch und bedient sich an den dort stehenden leckeren Speisen.
Ursache: Eine Sahnetorte oder ein Schinkenbrot unbeaufsichtigt auf dem Tisch und die Katze im selben Raum? Das kann nicht lange gut gehen! Auch wenn Sie Ihrer Mieze beigebracht haben,

CHECKLISTE

Probleme abklären

- ✔ Sind alle Bedürfnisse der Katze befriedigt oder kommt es zu einem Triebstau, der sich in einer Überreaktion entlädt?
- ✔ Leidet Ihre Katze unter Langeweile?
- ✔ Ist die Katze organisch gesund? Oder hat sie bei Bewegungen oder Berührungen womöglich Schmerzen, die ein verändertes Verhalten bedingen? Im Zweifelsfall den Tierarzt konsultieren!
- ✔ Stimmt die Verständigung zwischen Mensch und Tier? Achten Sie darauf, was Ihnen die Katze mit verschiedenen Gesten sagen will! Drücken Sie sich auf eine für die Katze verständliche Weise aus!

dass sie nicht auf den Tisch darf, wird sie der Verlockung erliegen, sobald Sie selber den Raum verlassen haben. Dies bedeutet keineswegs, dass das Tier bewusst ungehorsam ist. Katzen lernen nur einfach anders. Dass Sie jedes Mal schimpfen, sobald Ihr Stubentiger auf einen verbotenen Platz springt, hat dieser bestimmt rasch begriffen. Er bringt es aber unweigerlich mit Ihrer Person in Verbindung, etwa so: »Wenn mein Mensch sieht, wie ich auf den Tisch springe, wird er ärgerlich.« Nach Katzenlogik sieht die Schlussfolgerung daraus dann so aus: »Wenn mein Mensch es nicht sieht, ist doch alles bestens.«

Was Sie tun können: In der Konsequenz bleibt Ihnen also nur, sorgfältig darauf zu achten, dass nichts unbeaufsichtigt auf dem Tisch oder in der Küche steht, was dem Katzengaumen munden könnte. Das ist zweifellos leichter gesagt als getan. Aber noch jeder Katzenbesitzer wurde von seinem Liebling mit der Zeit zu absoluter Ordnung in der Küche erzogen. Wer es trotzdem versuchen will, seine Katze dazu zu bringen, wenigstens einen bestimmten Tisch zu meiden, kann zu folgendem Trick greifen: Präparieren Sie einige Wochen lang die Tischfläche oder zumindest deren Rand mit mehreren, nebeneinander ausgelegten Streifen doppelseitigen Klebebands, bevor Sie weggehen. Springt die Katze dann hoch, wird sie mit den Pfoten auf die Klebeflächen treten – und das mögen Katzen ganz und gar nicht. Macht Mieze diese Erfahrung wiederholt über einen längeren Zeitraum, wird sie daraus lernen, dass der Tisch (wohlgemerkt der Tisch selbst, auch ohne danebenstehenden Menschen!) ein sehr unangenehmer Platz ist, den man doch besser nicht so ohne weiteres betritt.

Wie dauerhaft ein solcher Erziehungserfolg ist, hängt zum einen von der Neugierde Ihrer Katze ab, zum anderen von der Stärke der Versuchungen, die der Tisch für sie bereit hält. Sobald sich Mieze nach einiger Zeit wieder einmal zu einem Sprung auf den Tisch »durchgerungen« hat und ohne Klebeerfahrung davongekommen ist, werden Sie mit dem Erziehungskursus leider wieder von vorne anfangen müssen.

Klettervergnügen

Situation: Angelina und Benno klettern mit Vorliebe die Gardinen hinauf.

Ursache: Katzen sind wahre Kletterkünstler. Und schon die Katzenkinder üben das Klettern, wo immer sich eine Gelegenheit dazu bietet. In der Natur ist dieses unermüdliche Training immens wichtig, kann doch das Überleben davon abhängen, ob man z. B. schnell genug auf einen Baum hinaufkommt oder

Auch wenn's ungemein Spaß macht: Hier ist Klettern strikt verboten!

1 **Kratzen an der Tür**

Hat eine Katze einmal Einlass erlangt, nachdem sie an der Tür scharrte, wird sie dieselbe Methode immer wieder beharrlich versuchen.

2 **Zerstörungswut**

Langeweile? Kampftrieb? Der Reiz des Raschelns? Alles kann dazu führen, dass sich Mieze in einen wahren Zerstörungstaumel hineinsteigert.

3 **Reviermarkierung**

Im Zusammenleben mit Menschen muss Mieze erst lernen, dass sie nur an bestimmten, dafür vorgesehenen Stellen kratzen darf.

nicht. Einem Baum macht es aber in der Regel wenig aus, wenn Katzen seinen Stamm erklimmen. Anders bei den Gardinen im Wohnzimmer.

Was Sie tun können:

Es gilt der Katze beizubringen, dass Gardinen (oder auch raumhohe Wandteppiche, Wände mit rauen Textiltapeten oder andere Textilbespannungen in der Wohnung) für Kletterübungen tabu sind. Wenn Sie gerade daneben stehen, sollten Sie selbstverständlich mit aller Konsequenz einschreiten, sobald ein Stubentiger Anstalten macht, sich an der Gardine zu vergreifen. Ein lautes »Nein!«, Händeklatschen, mit Wasser spritzen – das ganze Repertoire von Schreck- und Ablenkungsmaßnahmen steht Ihnen zur Verfügung. Sie werden nur nicht immer daneben stehen können. Was dann? Der Trick liegt darin, dass sich die Gardine selbst für die Klettermieze als unangenehm erweisen muss. Zum einen kann hier wieder das bewährte Zitrusaroma (→ Stibitzen, Seite 29) zum Einsatz kommen, das Sie, in Wasser verdünnt, mit einer Blumenspritze auf die Gardine spritzen. Zum anderen hat sich auch ein vorübergehender Umbau zur »Fallgardine« als wirksam erwiesen, sofern Sie eine frei angebrachte Gardinenstange haben. Nehmen Sie die eigentliche Gardine ab und drapieren Sie statt dessen ein ausrangiertes Exemplar oder ein ähnlich großes Stück Stoff lose über die Stange. Wenn nun die Katze daran hochzuklettern versucht, wird sie durch ihr Eigengewicht die Stoffbahn von der Stange herabziehen und diese wird – oh Schreck! – von oben auf Mieze herabstürzen. Nach wenigen Versuchen hat der verhinderte Klettermaxe gelernt, dass sich Gardinen ganz und gar nicht zum Klettern eignen. Dass jedoch statt dessen an anderen Stellen in der Wohnung ausreichend Gelegenheit für Kletterübungen geboten sein muss, versteht sich von selbst.

Stille Geschäfte am falschen Ort

Unsauberkeit zählt zu den leidigsten Problemen, mit denen Katzenhalter konfrontiert sein können. Sie kommt bei Wohnungskatzen ebenso vor wie bei Freigängern, bei jungen wie bei älteren Katzen, bei Singles wie bei Gruppentieren. Häufig steht sie in Zusammenhang mit seelischen Problemen der Katze und ist dann als eine echte Verhaltensstörung zu betrachten. Über diese Art von Unsauberkeit lesen Sie mehr auf Seite 50. Oft handelt es sich aber auch »nur« um normales Verhalten in unliebsamer Ausprägung, eine Unstimmigkeit zwischen Tier und Mensch oder einfach um ein Kommunikationsproblem.

Pfützen und Häufchen

Situation: Ihr Katzenteenager hinterlässt in letzter Zeit Pfützen auf dem Sofa und Häufchen auf dem Teppich.
Ursachen: Wenn Sie ein Kätzchen von einem Bauernhof bei sich aufgenommen haben, das in einem Heuschober geboren ist, hat es wahrscheinlich bislang ein-

Eine geräumige Toilette, an einem ruhigen Platz aufgestellt und natürlich stets gründlich sauber gehalten – so wünschen es sich Katzen.

Höchste Zeit, dass Mieze den Gebrauch einer Katzentoilette lernt!

fach noch nicht gelernt, eine Katzentoilette zu benützen. Möglicherweise haben Sie aber auch in der ersten Zeit, als Mieze als kleines Kätzchen gerade bei Ihnen eingezogen war, einmal einen feuchten »Fehltritt« auf dem Teppich übersehen.
Was Sie tun können: Zeigen Sie dem Tier das Kistchen, loben Sie es bei ordnungsgemäßer Benutzung – und es wird schnell begreifen, wofür das Teil gut ist. Im zweiten Fall weist für die feine Katzennase nun der schwache Restgeruch just diese Stelle immer noch als Toilette aus, und die wird nach Katzenart immer wieder aufgesucht. Da hilft nur der Griff zu Putzeimer und Schrubber, um den Geruch und damit auch den kätzischen Irrtum zu tilgen.

Das falsche Klo

Situation: Kater Carlos Hinterlassenschaften liegen meist unmittelbar neben seinem offenen Katzenklo.
Ursachen: Hinterlassenschaften unmittelbar neben einer offenen Katzentoilette zeugen davon, dass die Katze wohl guten Willens ist, ihre Geschäfte ordentlich im Klo zu verrichten, dass sie aber von widrigen Umständen am Zielen gehindert wird. Sei es, dass der Behälter einfach zu klein dimensioniert ist und Miezes Hinterteil jedes Mal übersteht, sei es, dass die Toilette verschmutzt ist und Mieze sich mit den Pfoten ganz an den Rand klemmen muss, um nicht mitten in den Schlamassel zu treten, wobei sich wiederum ein »Überhang« ergibt.
Was Sie tun können: Abhilfe ist schnell gefunden. Im ersten Fall sollten Sie ein größeres Klo anschaffen oder aber ein Modell mit Haube, bei dem kann nichts daneben gehen. Allerdings gibt es auch Katzen, die geschlossene Toiletten grundsätzlich ablehnen. Im zweiten Fall die Einstreu sauberer halten.

Blumentopf als Toilette

Situation: Mimi benutzt mit Vorliebe den großen Blumentopf, in dem eine Zimmerpalme steht, als Toilette.
Ursache: Vor allem Katzen, die Freigang genießen, missbrauchen in der Wohnung

TIPP

Warum Mieze ihre Toilette nicht mag

- Ist sie für jeden einsehbar? Mieze liebt es, ihren Geschäften dezent im Abseits nachzugehen.
- Sie ist nicht sauber genug.
- Sie steht zu nahe am Futterplatz.
- Die verwendete Einstreu passt ihr nicht. Sie mag kein Kistchen mit Dach.
- Vielleicht haben Sie es übertrieben durch allzu eiliges Wegschaufeln der Hinterlassenschaften. Mieze fühlte sich gestört – und geht lieber woanders hin.

nicht selten große Blumentöpfe als Katzenklo. Schließlich verrichten sie draußen auch gern ihre Geschäfte in der lockeren Erde von Blumenbeeten oder unterm Gebüsch. Kein Fall von Unsauberkeit also, sondern nur die Frage, wie es Mimi klarzumachen ist, dass wir Menschen durchaus einen Unterschied zwischen drinnen und draußen machen.

Katzen brauchen Katzengras. Zimmerpflanzen müssen tabu sein.

Was Sie tun können: Tauschen Sie zunächst die Erde im missbrauchten Topf vollständig aus, um den Toilettengeruch zu tilgen. Bedecken Sie die neue Erde mit Kieselsteinen, die groß genug sind, dass Mimi nicht mit ihnen spielt, legen Sie eventuell eine Weile zusätzlich aufgeschnittene Zitronenscheiben auf die Steinschicht. Auch Einsprühen mit Wasser, dem einige Tropfen ätherischer Öle wie Orangen-, Zitronen- oder Grapefruitöl beigemischt sind, ist bei den meisten Katzen ein geeignetes Mittel zur Abschreckung. Ebenso vergraulen aufgeschnittene Zwiebeln oder Knoblauchzehen viele Katzen (aber vielleicht auch Menschen). Alu- oder Plastikfolie für einige Monate über die Erde zu breiten, wie sehr häufig empfohlen wird, bekommt den meisten Pflanzen nicht so gut, es sei denn, man lüftet das Pflanzsubstrat häufig.

Pflanzen ausgraben

Situation: Miezies liebste Beschäftigung ist es, Erde aus Blumentöpfen zu scharren.
Ursache: So mancher Stubentiger, insbesondere wenn er unterbeschäftigt ist, findet Gefallen daran. Nicht etwa im Zuge eines fehlgerichteten Toilettengangs, nein, einfach so, weil's Spaß macht. Nachdem es aber der Hausfrau meist viel weniger Vergnügen bereitet, die Erde wieder vom Teppich zu kehren, gilt es, die Hausregeln klarzustellen.
Was Sie tun können: Wie immer hilft Strafen nur, wenn Sie den Übeltäter in flagranti ertappen. Besser ist es, Sie vermiesen der Katze den Spaß auf dieselbe Weise, wie bei dem Problem »Blumentopf als Toilette« beschrieben (→ Seite 33).

TIPP

Für Katzen giftige Pflanzen

- Etliche beliebte Topf- und Kübelpflanzen sind für Katzen sehr unbekömmlich.
- Besonders giftig wirken z. B. folgende Arten: Alpenveilchen, Birkenfeige (Ficus benjamini), Dieffenbachie, Gummibaum (Ficus elastica), Lorbeerrose (Kalmia), Oleander, Philodendron, Azalee, Weihnachtsstern und Yuccapalme.
- Ihrer Katze zuliebe sollten Sie diese Arten aus Ihrer Wohnung verbannen.

Wer ein Kätzchen mit seiner Hand »kämpfen« lässt, darf sich nicht beschweren, wenn auch noch die erwachsene Katze die Hand als Spielpartner betrachtet – und schmerzhafte Spuren hinterlässt.

Pflanzen anknabbern

Situation: Crazy lässt keine Pflanze in der Wohnung ungeschoren.

Ursache: Verschlucktes Gras und andere Blätter erleichtern es der Katze, Haarballen wieder auszuwürgen und helfen ihr bei einer Magenverstimmung. Vor allem, wenn Mieze nicht hinaus darf auf die Wiese, braucht sie Grünzeug, an dem sie knabbern kann.

Was Sie tun können: Bei übermäßigem Pflanzenknabbern sollten Sie Ihre Katze zunächst dem Tierarzt vorstellen. Zum Glück sind die meisten »Grünköstler« kerngesund und betreiben ihre Knabbereien nur, weil es ihnen Spaß macht. Genau deshalb aber kann es mit der Gesundheit auch schnell vorbei sein, denn viele Zimmerpflanzen sind für Katzen giftig (→ Tipp, Seite 34). Im Fachhandel wird spezielles Katzengras und andere für die Samtpfoten geeignete Pflanzen als Saatmischungen oder in Töpfen angeboten. Stellen Sie das erlaubte Grün abseits vom übrigen Pflanzenschmuck im Raum auf und ermuntern Sie die Katze durch Lob und Belohnung, dass sie sich davon bedient. Im Gegenzug präparieren Sie verbotene Pflanzen mit Düften, die Mieze gar nicht mag: Einige Tropfen Zitronen- oder Orangenöl in eine Blumenspritze mit Wasser und die Pflanzen damit duschen. Anstelle der Duftwolke können Sie auch Chiliöl oder Sambal Oelek auf die Unterseite der Blätter tupfen. Beim Reinbeißen wird Mieze ihre Lektion rasch lernen.

Beißen nicht erlaubt!

In die Hand beißen

Situation: Sie bücken sich, um Ihre Katze zu streicheln, die aber wirft sich blitzartig zu Boden, packt mit den Pfoten Ihre Hand und beißt herzhaft hinein?

Ursache: Sie wolltem Ihrem Liebling mit den Streicheleinheiten nur etwas Gutes tun. Liebling aber dachte derweilen an Spielen. Ein klassisches Missverständnis, zu dessen Entstehung Sie höchstwahrscheinlich selbst beigetragen haben, indem Sie nämlich in Miezes Kindertagen lustig-wilde Kampf- und Jagdspiele mit ihr spielten, und zwar buchstäblich »eigenhändig«. Bei dem tapsigen Kätzchen wirkte es ja so drollig, wenn es mit weichen Pfötchen nach der Hand tatzte und mit winzigen Zähnchen hineinbiss. Leider lernte Mieze dabei, menschliche Hände als mögliche Beute zu betrachten. Und nun, im Erwachsenenalter, wird ihr dasselbe Spiel plötzlich verübelt. Das soll verstehen, wer will!

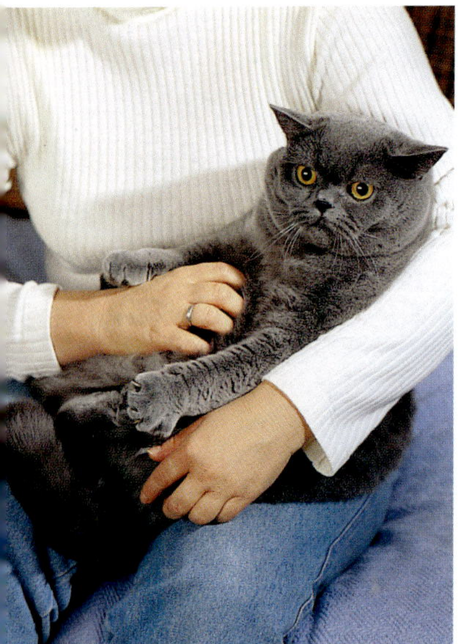

Die Liebkosungen behagen Othello im Moment überhaupt nicht.

Was Sie tun können: Vermeiden Sie beim Spielen mit einem Kätzchen unbedingt, dass dieses Ihre Hand als »Kampfpartner« oder den zuckenden Finger als »Beute« kennenlernt. Ziehen Sie lieber Spielzeug an einer Schnur umher oder binden Sie z.B. ein Federbüschel an einen langen Stab und lassen Sie das Kätzchen danach haschen. Zum Kämpfen können Sie dem jungen Rabauken z.B. einen Softball spendieren. Der weiche Ball eignet sich hervorragend, um ihn zu umklammern und mit den Hinterpfoten dagegenzustrampeln.

Hinweis: Wer mit einer jungen Katze Fangen spielt, lehrt sie dabei, dass auch menschliche Beine Jagdobjekte sein können. Diese Katze macht sich später ein Vergnügen daraus, in einer Deckung zu lauern, bis Menschenbeine in die Nähe kommen, um dann hervorzuschießen und die Knöchel zu attackieren. Das tut nicht nur weh, sondern macht auch Feinstrumpfhosen regelmäßig den Garaus.

Streicheln und beißen

Situation: Die Katze umschmeichelt Sie, wirft sich Ihnen zu Füßen und gibt Ihnen damit zu verstehen, dass sie gestreichelt werden will. Sie kommen diesem Wunsch bereitwillig nach, Minka schnurrt zufrieden. Nach einiger Zeit erlahmt das Schnurren, kurz darauf fährt die Katze hoch, krallt nach der Hand und beißt hinein.

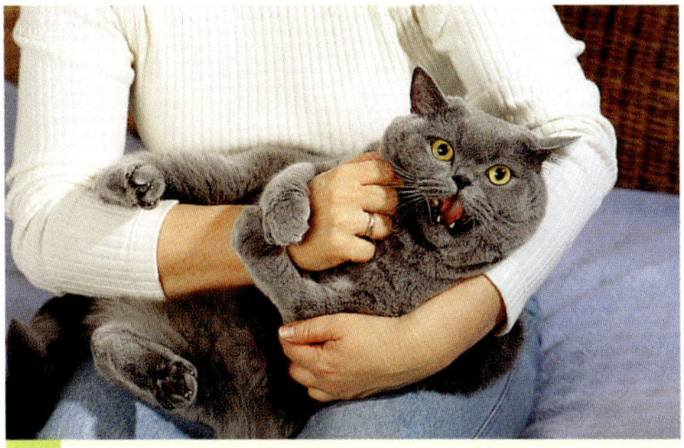

1 Keine Lust zum Schmusen

»Jetzt ist es aber genug! Hör bloß auf mit dem Gekraule und lass mich endlich los, ich will weg hier!« Mimik und Verhalten des Kartäuserkaters zeigen mehr als deutlich, dass die Zuwendungen des Menschen in diesem Moment für ihn reinen Stress bedeuten. Leider wird seine Körpersprache einfach ignoriert.

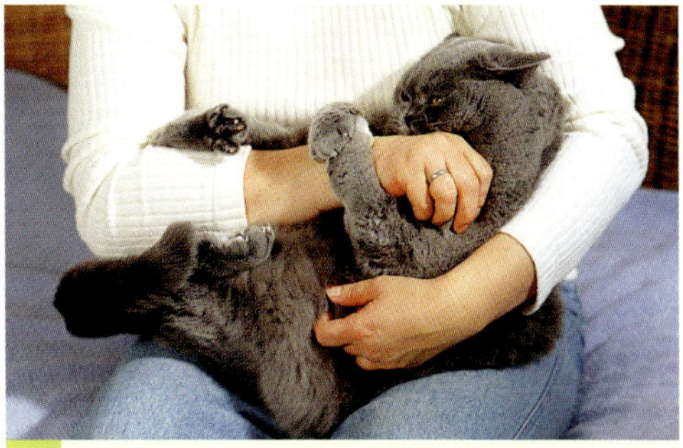

2 Dann muss ich eben beißen

Da greift der Kater zu drastischeren Methoden, seinem Menschen klar zu machen, dass er in Ruhe gelassen werden will: Er verwarnt ihn mit einem Biss in die Hand. Keine Bösartigkeit des Tieres, sondern das Resultat der menschlichen Begriffsstutzigkeit. Besser schon bei den ersten Anzeichen von Unmut die Katze freigeben!

Ursache: Das Beißen ist von Minka nicht böse gemeint. Sie hatte jetzt nur genug vom Streicheln, konnte Ihnen das aber natürlich nicht mit Worten mitteilen. Also hat sie es auf Katzenart deutlich gemacht. Sicherlich haben Sie die Anzeichen des aufkommenden Unmuts übersehen, ein Seitlichdrehen der Ohren etwa, ein Weitwerden der Pupillen oder die zuckende Schwanzspitze. Der Stimmungsumschwung kann bei einer Katze sehr rasch erfolgen. Unter den Wissenschaftlern gibt es die Theorie, dass Überreizung dafür verantwortlich sein könnte. Die Empfindungen »Berührung« und »Schmerz« haben nach dieser Theorie zum Teil gemeinsame Nervenbahnen, sodass vielfach wiederholte Berührungsreize, wie etwa beim Streicheln, bei der Katze unangenehme Empfindungen bis hin zum Schmerz auslösen können. Die Empfindlichkeit dafür ist bei den einzelnen Tieren individuell sehr verschieden, wahrscheinlich zusätzlich auch von der momentanen psychischen Verfassung abhängig.

Was Sie tun können: Beenden Sie die Schmuseorgie, sobald Ihr »Tiger« leise Andeutungen von Irritation zeigt. Ist er zu schnell bei der Hand mit Beißen und Kratzen, gehen Sie einfach weg. Strafen Sie Ihre Katze mit Nichtbeachtung. Das kommt als Botschaft Ihres Missfallens bei den meisten Katzen an und reicht aus, um das Beißen in den Augen der Katze nicht zu einem Erfolgsrezept werden zu lassen nach dem Motto: »Aha, ich muss nur kurz beißen, dann tut mein Mensch schon, was er soll«.

Kratzen an Möbeln und Wänden

Kratzorgien

Situation: Galina betreibt wahre Kratzorgien an dem teuren Perserteppich und an allen Tischbeinen.

Ursache: Katzen und Kratzen, das gehört zusammen! Damit die Krallen zur Jagd und zur Verteidigung immer schön scharf bleiben, pflegt die Katze sie regelmäßig. Das tägliche Kratzritual hat jedoch noch viel mehr Funktionen. Es trainiert die Kraft in den Pfoten und Zehen, die Katze streckt sich dabei so richtig durch, und überdies stellen die Kratzspuren eine sichtbare Reviermarkierung sowie dank bestimmter Sekrete aus den Zehendrüsen eine (nur für Katzen, nicht für den Menschen) riechbare Duftmarke dar. Eines ist also klar: Kratzen muss sein!
Was aber, wenn die Vorstellungen von dem geeigneten Platz in der Wohnung dafür bei Katze und Mensch nicht übereinstimmen? Im Freien benutzen die Samtpfoten gern glatte Baumstämme, alte Zaunlatten oder herumliegendes Holz, in der Wohnung ist ihnen eine Tapete, ein Türrahmen, ein Tischbein, eine Sofaecke oder Sessellehne ebenso recht wie ein Türvorleger oder teurer Teppich.

Was Sie tun können: Katzen benutzen immer wieder dieselben Stellen zum Kratzen, erstens, weil sie nun mal Gewohnheitstiere sind, zweitens,

Einmal als Kratzobjekt auserkoren, muss das Stuhlbein immer wieder dafür herhalten. Das hinterlässt unweigerlich Spuren!

An einem sisalüberzogenen schrägen Brett lässt es sich herrlich kratzen – und auch die Menschen sind zufrieden.

weil sie ihre Geruchsmarkierungen wieder auffrischen wollen. Diesen Umstand können Sie zur Schonung Ihres Wohnambientes ausnützen. Entweder »wappnen« Sie die bevorzugten Kratzplätze mit strapazierfähigem Material. So können Sie z. B. eine mit einem Teppichrest bespannte Holzplatte just an der Stelle anbringen, an der Mieze begonnen hat, die Tapete zu bearbeiten, oder Sie gewöhnen Ihre Samtpfote an deren auserkorenem Kratzplatz an einen für sie vorgesehenen Kratzbaum (→ Tipp, rechts). Stellen Sie zu diesem Zweck den Kratzbaum genau dort auf, auch wenn's erst einmal sehr unpassend wirkt, und bringen Sie der Katze mit viel Lob bei, ihn ordnungsgemäß zu benutzen. Erst wenn sie ihn voll und ganz angenommen hat, verschieben Sie ihn stückchenweise dorthin, wo Sie ihn letztendlich haben wollen. Parallel dazu gestalten Sie die unerwünschten Kratzstellen in der Wohnung für die Katze so unattraktiv wie möglich, selbst wenn es die Optik des Raums nicht gerade verbessert. Es soll ja keine Dauerlösung sein. So können Sie an Möbel- oder Wandflächen z. B. Alufolie anbringen, auch doppelseitiges Klebeband leistet oft gute Dienste, ebenso Zitrusdüfte oder andere Aromaöle, die Mieze scheußlich findet (Parfüm, Menthol, Zwiebel oder Knoblauch). Katzen schätzen es auch überhaupt nicht, wenn sie mit den Krallen irgendwo hängen bleiben. Verhängen Sie also Sessellehnen oder Sofaecken mit Tüll oder anderen Netzstoffen. Mieze wird darüber nicht allzu beleidigt sein, schließlich hat sie ja inzwischen ihren tollen Kratzbaum.

TIPP

An den Kratzbaum gewöhnen

- Locken Sie die Katze mit einem Spielzeug zum Kratzbaum und verleiten Sie sie damit, hinaufzuklettern.
- Loben Sie die Katze, wenn sie von alleine hingeht. Vielleicht findet sie anfangs dort auch Leckerli vor!?
- Setzen Sie sich zur täglichen Schmusestunde neben den Kratzbaum. Er soll für die Katze ein angenehmer Ort werden, an dem sie sich gerne aufhält.
- Streichen Sie mit den Händen über die Kratzfläche. Die Katze wird Ihrem Duft ihren eigenen hinzufügen – und merken, dass es sich hier prima kratzen lässt.

Dauermiauen und andere Probleme

Nervensäge

Situation: Kater Fridolin nervt seit einiger Zeit gewaltig. Der kleine Tiger miaut manchmal stundenlang mit der Monotonie und Ausdauer eines Uhrpendels.

»Nein, das Futter mag ich nicht!« Wählerische Katzen sind oft hartnäckig.

Mögliche Ursache: Höchstwahrscheinlich wurde dem Kater dieses Verhalten unwissentlich beigebracht. Fridolin hat gelernt zu miauen, sobald er etwas will. Jedes Mal, wenn er bekam, was er wollte, war das in seinen Augen eine Belohnung. Nach dem Motto: »Der Erfolg gibt mir Recht« wurde sein Verhalten auf diese Weise nur verstärkt. Ziel der kätzischen Bemühungen muss dabei nicht immer nur Futter oder eine geöffnete Tür sein, oft ist es einfach Aufmerksamkeit, die das Tier damit erreichen will.

Was Sie tun können: Wenn man sich diese Zusammenhänge erst einmal in der Theorie klar gemacht hat, gilt es, die Umerziehung in der Praxis durchzuführen. Das kostet noch mehr Nerven und erfordert einiges an Durchhaltekraft! Mieze wird es unweigerlich auf einen Wettkampf ankommen lassen: Wer hat die größere Ausdauer, sie selber beim Miauen oder ihr Mensch beim Ignorieren desselben? Darauf läuft es nämlich hinaus: Man muss das Miauen vollständig überhören. Wenn ein Verhalten konsequent nicht mehr belohnt wird, verschwindet es mit der Zeit von alleine. Man darf also den »Kampf« nicht aufgeben, auch wenn es zunächst den Anschein hat, dass man genau das Gegenteil des Angestrebten erreicht. Nach anfänglichem noch verstärktem Miauen (»Ich kann's nicht glauben! Es hat doch sonst immer funktioniert!«) wird sich ein Erfolg einstellen. Zusätzlich kann man das erwünschte Verhalten der Katze durch Belohnung (Streicheln, Leckerlis oder andere Zuwendungen) fördern. Natürlich darf man immer nur dann ein Leckerli oder die Futterschüssel herausrücken, wenn die Katze gerade die Klappe hält. Über kurz oder lang hat sie's begriffen!

Suppenkasper

Situation: Mikesch geht lieber tagelang in Hungerstreik, bevor er das Futter frisst, das Sie ihm hinstellen.

Mögliche Ursachen: Dieses Verhalten haben Sie wohl ebenfalls selbst hervorgerufen – es sei denn, die Appetitlosigkeit der Katze ist krankheitsbedingt, was in jedem Fall zunächst vom Tierarzt

abzuklären ist. Aber nehmen wir an, Ihr Mikesch ist kerngesund. Nehmen wir weiter an, er hat einmal sein Futter verweigert, weil er vielleicht gerade nicht hungrig war. Sie brachten ihm schnell sein Lieblingsfutter – und schon wusste er: »Ich brauche bloß das andere Zeug nicht zu fressen, schon bekomme ich die feinsten Dinge vorgesetzt.« Derartige Lektionen lernen Katzen schnell.
Möglicherweise hat Mikesch aber auch nur deshalb keine Lust zu fressen, weil sein Napf ständig gefüllt ist.
Was Sie tun können: Füttern Sie nicht so viel und so oft, dass die Katze nie ein Hungergefühl entwickeln kann. Auch Leckerlis zwischendurch machen satt. Sollen die Häppchen eine echte Belohnung darstellen, müssen sie selten bleiben.

Energiebündel

Situation: Kiki zerfleddert mit Leidenschaft jegliche Art von Papier.
Ursache: Auch wenn Katzen oft und lang schlafen, so stecken sie doch voller Energie, sobald sie wach sind. Im Freien können sie sich austoben, in einer Wohnung bleibt

Überschüssige Kräfte und Langeweile ergeben eine explosive Mischung.

ihre sportliche Bewegung aufs Spielen beschränkt. Wenn die Spielaktivitäten aber allzu knapp bemessen sind, führt das zwangsläufig dazu, dass sich überschüssige Energien aufstauen.
Was Sie tun können: Erfinden Sie abwechslungsreiche Spiele für Ihre Katze. Und nehmen Sie sich vor allem Zeit zum Spielen. Wenn Ihre Katze vorwiegend nachts randaliert, sollten Sie die (bewegungsintensive) Spielstunde auf den späten Abend verlegen. Müde gespielt schläft es sich auch als Katze besser.

GUT ZU WISSEN

So füttern Sie richtig

- Halten Sie feste Fütterungszeiten ein. Eine erwachsene Katze sollte zweimal täglich, morgens und abends, gefüttert werden. Was nach einer halben Stunde noch herumsteht, wird weggeräumt.
- Füttern Sie aus einem Keramik- oder Metallnapf. Ein Plastiknapf riecht für die feine Nase der Katze stets leicht nach altem Futter oder nach Geschirrspülmittel.
- Übrig gebliebenes Futter nicht in der Dose, sondern in einer Frischhaltedose im Kühlschrank aufbewahren.
- Geben Sie Ihrer Katze das Futter nie direkt aus dem Kühlschrank, sondern wärmen Sie es leicht an.

Fragen rund um das Verhalten

? Wie kann ich meinem Kater Leo abgewöhnen, dass er sich stundenlang bemüht einen Schrank zu öffnen, indem er mit der Pfote im Türspalt einhakt und die Tür aufzuziehen versucht?
Probieren Sie es mit doppelseitigem Klebeband, etwa Teppichklebeband. Auf Katzenhöhe an den kritischen Stellen der Türe angebracht, wird es Leo seinen Pfoteneinsatz rasch verleiden, denn Katzen verabscheuen alles Klebrige. Lassen Sie das Klebeband aber einige Wochen am Schrank haften, damit sich bei Leo der Lerneffekt auch tatsächlich richtig verfestigen kann.

? Während unser Kater Donald völlig problemlos ist, hat Daisy leider die Angewohnheit, ihr Futter brockenweise durch die ganze Wohnung zu tragen, bevor sie es dann irgendwo frisst. Hat Daisy einen Tick?
Die Regelmäßigkeit dieses Verhaltens zeigt, dass sich Daisy an der Stelle, an der ihr Futternapf steht, nicht besonders wohl fühlt. Katzen suchen sich zum Verzehr ihrer Beute Plätze aus, an denen sie sich in Sicherheit wähnen. Möglicherweise steht der Napf des (dominanten?) Katers zu nahe neben ihrem. Oder ihr Napf befindet sich an einem stark frequentierten oder sehr offenen Platz in der Wohnung. Oder Daisy wurde beim Fressen einmal erschreckt und bringt nun dieses unangenehme Erlebnis nach wie vor mit dem Platz in Zusammenhang.
Füttern Sie die Kätzin künftig an einer anderen Stelle, getrennt vom Kater und an einem ruhigen Plätzchen, am besten in einem Raum, in dem sie sich gerne aufhält.

? Wenn meine einjährige Katze Lisbeth auf meinem Schoß liegt, beginnt sie oft, an meinem Pullover zu lutschen und zu saugen. Warum macht sie das?
Viele junge Katzen, die entweder verwaist waren oder ihrer Mutter zu früh weggenommen wurden, nuckeln gern an Strickwaren aus Wolle, aber auch an anderen strukturierten Geweben, etwa Frottee. Wenn Ihre Lisbeth an Ihrem Pullover saugt, entspricht das auf Katzenart dem

Nuckeln an einem Wollpullover ist wie Daumenlutschen bei Menschenkindern.

Daumenlutschen von Menschenkindern. Zur Schonung Ihrer Kleidung können Sie ihr zur Kuschelstunde ein kleines, weiches Handtuch anbieten, das nach Ihnen riecht. Verhaltenstherapeuten sind sich einig, dass Langeweile das »Daumenlutschen« fördert. Versuchen Sie daher, das Leben Ihrer Katze so abwechslungsreich wie möglich zu gestalten. Die meisten »Stoffnuckler« hören über kurz oder lang von alleine wieder damit auf, nur sehr selten wird es ein Leben lang beibehalten.

? Wir wollen ein Katerchen zu uns nehmen, haben aber Bedenken, dass er unsere Wohnung mit dem typischen Kater-Aroma »verseucht«. Lässt sich dem Harnspritzen vorbeugen?
In der Regel beginnen Katzen das Harnspritzen erst bei Erreichen der Geschlechtsreife. Durch Kastration lässt sich dieses angeborene Markierungsverhalten verringern, in den meisten Fällen sogar völlig ausschalten. Der Eingriff sollte aber am besten schon vor dem Einsetzen der Geschlechtsreife durchgeführt werden. Übrigens verspritzen auch Kätzinnen ihren Harn zur Reviermarkierung, wenden es allerdings seltener an.

? Vor einigen Wochen sind wir samt unserem Kater Jerry umgezogen. Jerry schien überhaupt keine Probleme damit zu haben. Seit kurzem jedoch ist er unsauber und kratzt überall im Haus. Können das Spätfolgen des Umzugs sein?
Durchaus, ja. Sowohl Kratzen wie auch Urinieren bzw. sogar Koten sind typische Verhalten zur Reviermarkierung. Nun, nachdem er sein neues Zuhause ausreichend erkundet hat, will er es als sein Eigentum kennzeichnen. Wahrscheinlich hat er bei seinen Streifzügen draußen entdeckt, dass es dort noch weitere Katzen gibt, denen gegenüber er jetzt die neuen Besitzverhältnisse klarstellen muss. Versuchen Sie die Situation, die sicher eine vorübergehende ist, mit Jerrys Augen zu sehen und Verständnis aufzubringen. Machen Sie ihm aber – mit wenig Strafe und viel Zuwendung – klar, dass die bisherigen Hausregeln auch im neuen Zuhause gelten (→ Seite 22 und Seite 25).

MEINE TIPPS FÜR SIE

Helga Hofmann

Pflege leicht gemacht

- Pflegemaßnahmen wie Bürsten oder Kämmen, aber auch Ohren- und Zahnkontrolle lässt man am besten nicht nur ab und zu stattfinden, sondern macht sie zur täglichen Routine.
- Führen Sie die »Beautysession« immer am gleichen Platz und zur gleichen Zeit durch und halten Sie auch bei den Handgriffen eine feste Reihenfolge ein. Rituale geben Katzen ein Gefühl der Sicherheit.
- Verbinden Sie die Fellpflege mit ausgiebigem Streicheln. Die Katze soll das Bürsten als angenehmes Ereignis speichern.
- Beginnen Sie mit kleinen Schritten: zunächst höchstens ein bis zwei Minuten, dann jeden Tag ein kleines bisschen länger.
- Das Ende der Prozedur sollten immer Sie bestimmen, nicht die Katze. Als krönenden Abschluss des Frisörtermins gibt es ein Leckerli, bevor Sie die Katze wieder frei laufen lassen.

Echte Verhaltens-störungen

Ich habe schreckliche Angst! Seite 46–49

Angst und ihre Folgen Seite 50–51

Plötzlich ist alles anders Seite 52–53

Frage & Antwort Seite 56–57

Ich habe schreckliche Angst!

Im Prinzip ist Angst ja etwas sehr Sinnvolles, bewahrt sie doch als natürlicher Schutzmechanismus Lebewesen davor, in eine möglicherweise gefährliche Situation zu geraten. Wenn Angst aber unbegründet oder völlig übersteigert auftritt, kann sie rasch zum Problem werden und das Zusammenleben stark belasten.

Mimi zieht sich bei kleinsten Veränderungen in eine Deckung zurück.

Kleine Kätzchen zeigen zunächst eine deutliche Angstreaktion vor allem Neuem. Ängstlich fauchen und buckeln sie, sobald ihnen etwas Unbekanntes begegnet. Erst die Erfahrung kann sie nach und nach lehren, dass Menschen, andere Katzen, Autofahren, laute Musik usw. nicht in jedem Fall als gefährlich einzustufen sind. Abhängig vom individuellen Charakter und von den gegebenen Möglichkeiten, Erfahrungen zu sammeln, wachsen die einen zu vertrauensvollen, selbstbewussten Katzen heran, während die anderen die Ängstlichkeit ihrer Kindertage weitgehend beibehalten.

Startschwierigkeiten

Situation: Sie haben eine Katze aus dem Tierheim bei sich aufgenommen, aber dass Sie ein Heimtier haben, merken Sie eigentlich nur an dem über Nacht geleerten Futternapf. Seit Wochen kauert Mieze die meiste Zeit hinter dem Sofa oder unter dem Schrank. Gelegentlich inspiziert sie zwar die Wohnung, verschwindet aber augenblicklich unter dem nächstbesten Möbel, sobald Sie sich ihr nähern.

Ursache: Möglicherweise hat das Tier in der Vergangenheit mit Menschen sehr schlechte Erfahrungen gemacht, die es extrem vorsichtig werden

TIPP

Mit Angst umgehen

- Grundsätzlich gilt bei Katzen alles Unbekannte als gefährlich. Was ungefährlich ist, muss erst durch Erfahrung gelernt werden.
- Lassen Sie einer Katze, die Angst hat, immer ausreichend Zeit, bedrängen Sie sie nicht!
- Steuern Sie nie direkt auf eine ängstliche Katze zu. Das würde sie als zusätzliche Bedrohung empfinden.
- Überfordern Sie Mieze nicht, wenn Sie sie an eine für sie neue Situation gewöhnen wollen. Gehen Sie in mehreren kleinen Lernschritten vor.

ließen. Es kann aber auch sein, dass es in den entscheidenden Wochen der Sozialisierung (→ Seite 18) nicht schlechte, sondern überhaupt keine Erfahrungen mit Menschen gemacht hat, weil es z. B. unter Straßenkatzen oder in der Scheune eines Bauernhofs aufgewachsen ist. Solche Katzen verhalten sich ähnlich wie ein Wildtier, sie sind in einer für sie neuen, bedrohlich wirkenden Situation zunächst einmal sehr scheu und vorsichtig. Je jünger die Katze, desto rascher wird sie ihre Scheu überwinden und die Neugierde siegen lassen, bei einer erwachsenen Katze kann es sich über Wochen hinziehen, bis sie sich zum ersten Mal streicheln lässt.

Was Sie tun können: Wappnen Sie sich mit Geduld und geben Sie der Katze die Zeit, die sie braucht, um Vertrauen zu Ihnen zu fassen. Verbringen Sie viel Zeit zusammen mit ihr in demselben Raum, schenken Sie ihr dabei aber keinerlei Aufmerksamkeit. Jedes noch so gut gemeinte Auf-sie-Zugehen würde sie nur noch weiter einschüchtern. Setzen Sie sich z. B. einfach zum Lesen oder Fernsehen hin, und zwar am besten auf dem Niveau der Katze, d. h. auf den Boden. Über kurz oder lang wird Sie Ihr neuer Hausgenosse als harmlos einstufen und zu einem ersten Kennenlernen auf Sie zusteuern. Reagieren Sie jetzt aber am besten immer noch nicht. Warten Sie, bis Ihr kleiner Tiger Sie ausgiebig beschnuppert hat, bevor Sie langsam die Hand ausstrecken. Lassen Sie das Tier zunächst wieder nur schnuppern, bevor Sie es dann vorsichtig kurz streicheln! Von nun an sollten Sie die Kontaktpflege täglich ein bisschen steigern.

Eine ängstliche Katze sollten Sie erst mal gar nicht beachten! Warten Sie ab, bis sie von selbst zu Ihnen kommt!

Angst vor Fremden

Situation: Die meiste Zeit ist Tommy ein freundlicher, selbstbewusster Kater, der gerne mit seiner Familie schmust. Sobald es allerdings an der Tür klingelt, macht er sich eilends durch die Katzenklappe davon oder er verschwindet unter dem Sofa. Tommy taucht erst dann wieder auf, wenn der Besuch gegangen ist.

Ursache: Entweder wurde Tommy einmal von einem Fremden, der in die Wohnung kam, fürchterlich erschreckt und erwartet nun dieselbe unangenehme Folge

jedesmal, wenn er nur die Türglocke hört. Oder er zählt zu den schüchternen Katzen, die niemals gelernt haben, zwischen bedrohlichen und harmlosen Situationen zu unterscheiden. Sie sehen in jedem Neuartigen sogleich eine Quelle der Besorgnis. Weil Katzen Konflikten nach Möglichkeit aus dem Weg gehen, macht sich Tommy vorsichtshalber jedes Mal gleich aus dem Staub, wenn sich eine vermeintliche Bedrohung nähert.

Bitte stecken Sie die Katze niemals gewaltsam in die Transportbox.

Was Sie tun können: Bringen Sie einen notorischen Angsthasen dazu, der Gefahr ins Auge zu sehen! Wer immer nur ausweicht, wird nie feststellen können, dass alles gar nicht so schlimm ist wie gedacht. Gehen Sie dabei aber sehr behutsam vor, damit sich der Stress für den Schüchternen in Grenzen hält.
Wenn Sie Gäste erwarten, setzen Sie die Katze in ihre Transportbox (an die sie gut gewöhnt sein sollte) und stellen Sie die Box in den Raum, in dem Sie sich mit den Fremden aufhalten werden. Bitten Sie aber die Gäste, sich überhaupt nicht um das Tier zu kümmern. Nach mehreren Wiederholungen dieser Art dürfen Besucher dann auch einmal hingehen und sich (zunächst nur durch die Boxentür hindurch) beschnuppern lassen. Der nächste Schritt besteht darin, dass Sie die Katze auf dem Arm halten und ein Gast sie streichelt. Gehen Sie immer nur so weit, wie das Tier ohne Angstreaktionen mitmacht. Üben Sie keinerlei Zwang aus! Ein Lieblingsleckerli aus der Hand des Fremden kann dann die letzte Überzeugungsarbeit leisten.

GUT ZU WISSEN

Die Katze und das Autofahren

- Setzen Sie Mieze zunächst einige Male ins Auto, ohne loszufahren. Geben Sie ihr Zeit, sich an die Situation und die neuen Gerüche zu gewöhnen. Machen Sie ihr diese Umgebung mit einigen ausgewählten Leckerbissen »schmackhaft«.
- Während einer Fahrt muss das Tier zu Ihrer eigenen Sicherheit auf jeden Fall in einem geschlossenen Transportbehälter untergebracht sein. Es könnte in Panik geraten und den Fahrer anspringen oder unter die Pedale geraten. Unfallgefahr!
- Halten Sie die ersten Fahrten kurz und steuern Sie dabei nicht gleich den Tierarzt an. Die Katze verbindet sonst das Autofahren mit dem unangenehmen Erlebnis »Tierarzt« – und will nie wieder ins Auto.
- Auf einer längeren Reise im Auto sollte die Transportbox groß genug sein, dass auch ein kleines Katzenklo hineinpasst.
- Achten Sie auf die Temperaturen im Auto, wenn Sie die Katze vorübergehend im geparkten Fahrzeug zurücklassen müssen. Stellen Sie im Sommer das Auto unbedingt in den Schatten.

1 **Erst mal schnuppern ...**

Gehen Sie behutsam vor, wenn Sie Mieze an ihre Transportbox gewöhnen. Geben Sie ihr Zeit und vermeiden Sie jede Art von Stress dabei. Am besten legen Sie ein altes Frotteehandtuch oder einen getragenen Pullover von sich selbst in die Box. Leckeres Futter dazu – und dann warten, bis die Katze von alleine hineingeht!

2 **... dann hinein gehen**

»Hmm, gar nicht so übel hier!« Wenn die Katze die Box akzeptiert hat, üben Sie behutsam und in kleinen Schritten die dazugehörigen Dinge: Türe zu, Hochheben, Ins-Auto-Stellen. Bringen Sie Mieze aber nicht gleich zum Tierarzt damit, sonst kehrt sich der gute Eindruck, den sie von der Box hat, rasch ins Gegenteil um.

Angst vor dem Tierarzt

Situation: Attila, ein stattlicher Kater und sonst der »Herr« im Haus, kauert mit angstvoll geweiteten Augen in seiner Transportbox, sobald diese in der Praxis des Tierarztes steht. Auf dem Untersuchungstisch wird er zu einem zitternden Bündel.

Ursache: Nicht nur, dass die fremde Umgebung mit ihren fremden Gerüchen an sich schon beängstigend ist für eine Katze, meist sind auch unangenehme Erinnerungen damit verknüpft. Sofern es nicht nur um eine Impfung geht, sondern die Katze krank oder verletzt ist, nehmen womöglich Schmerzen dem Tier zusätzlich den Mut.

Was Sie tun können: Bringen Sie Ihre Katze nicht erst dann zum Tierarzt, wenn sie schon krank ist. Wiederholte kurze Besuche mit dem gesunden Tier – die auch nur bis zum Wartezimmer führen können – machen es mit dem Umfeld vertraut und verschaffen ihm die Erfahrung, dass das ganze Unternehmen nur von kurzer Dauer ist und es anschließend wieder heimwärts geht. Mit kleinen Häppchen des absoluten Lieblingsfutters kann sich der Tierarzt bei Mieze beliebt machen, sodass sie dem Besuch in der Praxis sogar einen positiven Aspekt abgewinnen kann. Ist eine Katze allerdings erst einmal so verängstigt wie Attila, wird es dem Tierarzt nicht mehr leicht gelingen, ihr Vertrauen zu gewinnen. Um übergroße physiologische Stressreaktionen zu vermeiden, wird er ihr vor einer ausführlicheren Behandlung gegebenenfalls ein Beruhigungsmittel verabreichen (→ Tipp, Seite 52).

Angst und ihre Folgen

Plötzliche Unsauberkeit

Situation: Von einem Tag auf den anderen weigert sich die 10-jährige Siamkatze Lady, ihre Katzentoilette zu benutzen, auf die sie zuvor schon jahrelang problemlos gegangen ist und an der sich absolut nichts verändert hat. Eine Grundreinigung und ein Wechsel der Einstreu – nichts hat bisher den gewünschten Erfolg gebracht.

Ursache: Es liegt wohl nicht an der Toilette selbst, dass Lady sie neuerdings so kategorisch ablehnt, sondern an den Umständen der Benutzung. Vielleicht steht die Katzentoilette im Flur direkt unter der lauten Türklingel und es klingelte zufällig, als die Katze gerade in der Toilette zugange war. Oder das Klo steht neben der Waschmaschine und diese fing just während einer »Sitzung« mit dem rumpelnden Schleudergang an. Oder die Toilette hat eine Abdeckhaube und es stieß jemand versehentlich dagegen, während die Katze drin war. Das muss im Inneren ja wohl dröhnen wie Donnerhall. In allen derartigen Fällen kann eine Katze das sie ängstigende Geräusch mit ihrem Geschäftchen in Verbindung bringen, z. B.: »Wenn ich mich in meine Toilette begebe, passieren schreckliche Dinge.« In der Folge vermeidet sie kurzerhand, in eine für sie so unangenehme Situation zu kommen, indem sie ihre Toilette ganz einfach nicht mehr aufsucht.

Was Sie tun können: Stellen Sie in einem solchen Fall die Katzentoilette an einen ganz anderen Platz. Hilft auch dies nicht, bieten Sie der Katze eine neue, anders aussehende Toilette an. Denken Sie aber auch an die Möglichkeit einer Erkrankung: Eine Blasenentzündung ist mit Schmerzen beim Harnen verbunden – was von der Katze als Strafe für die Benutzung ihrer

Auch wenn der Katzenbuckel noch so wild wirkt, schwingt doch immer auch eine gehörige Portion Furcht mit.

»Hau du bloß ab!« Eine alteingesessene Katze reagiert meist sehr unleidlich auf einen Neuzugang.

Toilette aufgefasst werden kann (»Immer wenn ich dort hingehe, tut's weh«). Stellen Sie daher die Katze in diesem Fall bitte einem Tierarzt vor!

Aggression

Situation: Kater Nero lässt sich partout nicht auf den Arm nehmen. Er reagiert sofort mit Kratzen und Beißen. Schon bei bloßer Annäherung an ihn attackiert er die Menschen.

Ursache: Zunächst sollten Sie vom Tierarzt ausschließen lassen, dass eine Erkrankung oder Verletzung vorliegt, die das Hochgehobenwerden für den Kater sehr schmerzhaft macht. Schmerzen sind ebenso wie starke Angst ein häufiger Grund für aggressives Verhalten bei Katzen. Fehlende Sozialisierung (→ Seite 18) führt bei ansonsten selbstbewussten Katzen dazu, dass sie aus Angst vor zu großer Nähe versuchen, sich die Menschen – manchmal aber auch andere Katzen – mit Zähnen und Klauen vom Leib zu halten. Nicht zuletzt ist auch denkbar, dass Nero früher wiederholt gewaltsam eingefangen wurde, etwas, was er natürlich nicht nochmal erleben möchte.

Was Sie tun können: Für jede Katze, die sich bedroht fühlt, gibt es eine so genannte kritische Distanz, bis zu der sie eine (tatsächliche oder vermeintliche) Bedrohung an sich herankommen lässt und nur mit Drohgebärden oder Flucht reagiert. Wird dieser Abstand unterschritten, weil z. B. eine Flucht nicht möglich ist, reagiert sie mit Angstaggression. Versuchen Sie, diese kritische Distanz mit kleinen Übungsschritten, viel Geduld und noch mehr Belohnungshäppchen zu verringern und damit allmählich das Vertrauen der Katze zu gewinnen. Hat sich aber das aggressive Verhaltensmuster bei einer Katze derart gefestigt, dass es für das Tier zum »Erfolgsrezept« geworden ist, sollten Sie einen Verhaltenstherapeuten hinzuziehen.

TIPP

Eine zweite Katze

- Ohne Querelen wird es kaum abgehen, wenn zu einer alteingesessenen Katze eine zweite hinzukommt.
- Durch ein Jungtier fühlen sich erwachsene Katzen meist nicht so sehr in ihrer Position bedroht – und reagieren folglich friedlicher gegenüber Nummer zwei.
- Vernachlässigen Sie die »Alte« nicht! Sie könnte verunsichert und frustriert mit Unsauberkeit, Aggression oder Zerstörungswut reagieren.
- Gemeinsames Fressen stimmt friedlich. Ein guter Zeitpunkt also für ein erstes Zusammentreffen.

Plötzlich ist alles anders

So lern- und anpassungsfähig unsere Samtpfoten im Allgemeinen auch sind, in ihrem Alltag und vor allem in ihrem Kernrevier zu Hause brauchen sie ein hohes Maß an Routine und Gleichförmigkeit, um sich wohl und sicher zu fühlen. Auf Veränderungen reagieren sie mit Unmut oder Verunsicherung. Sensible Gemüter unter den Stubentigern können sogar völlig von der Rolle sein, wenn sich in ihrem »Allerheiligsten« oder in ihrer Alltagsroutine etwas geändert hat. Ob eine andere Katze oder ein anderes Heimtier in ihr Zuhause eingezogen ist oder sich die Zusammensetzung der Menschenfamilie geändert hat, ob plötzlich Maler aus- und eingehen und die ganze Wohnung nach Farbe riecht oder ob nur das Lieblingssofa in einem anderen Raum steht – alles dies ist für Mieze keineswegs Anlass zur Freude. In der Regel aber wird sie sich mit der neuen Situation arrangieren. Fragt sich natürlich nur, wann.

»Hier stimmt ja nichts mehr!« Ein Umzug bedeutet für Mieze Stress pur.

Der »Super-Gau«

Das Schlimmste, was einer Katze passieren kann, ist, dass sie in einem Zug ihre Bezugsperson bzw. ihre Menschenfamilie und ihr Heim verliert. So charakterlich gefestigt und selbstbewusst kann Mieze gar nicht sein, dass sie so etwas nicht völlig aus der Bahn werfen würde. Leider kommt dieser Fall gar nicht so selten vor, sei es, dass Mieze nicht mehr erwünscht ist und »abgeschafft« wird, sei es, dass die Familie umzieht und in der neuen Wohnung Katzenhaltung nicht erlaubt oder nicht mehr möglich ist, sei es, dass ihr Mensch ins Altenheim zieht oder verstirbt und die

TIPP

Beruhigungsmittel

- Bei extremer Stressbelastung der Katze können Sie ein beruhigendes Pheromonspray (Tierarzt) einsetzen.
- Ein von ihrer Bezugsperson getragener Pullover als Kuschelunterlage wird Mieze vorübergehend ein Gefühl der Sicherheit geben.
- Auch die homöopathischen Mittel Ignatia D12 (dreimal täglich 5 Globuli direkt ins Mäulchen schieben) oder Chamomilla D200 (gleich zu Beginn des Stresses einmal 5 Globuli geben) können helfen, Miezes Befinden in Stresssituationen zu verbessern.

Katze übrigbleibt – Gründe kann es viele geben. Wer sich einer solchen »verwaisten« Katze annimmt, braucht eine ganze Menge Verständnis und Geduld, bis sich das Tier an seine neue Lebenssituation gewöhnt und seine Selbstsicherheit wiedergefunden hat.

Jede reagiert anders

In der Art, wie Katzen auf Veränderungen ihres Lebensumfelds reagieren, wird die große charakterliche Bandbreite unserer Stubentiger deutlich. Die einen protestieren unübersehbar, etwa durch demonstrative Unsauberkeit oder durch aggressives Fauchen und Attacken gegen die streichelnde Hand, die anderen verstecken sich oder flüchten gar aus dem Haus, Sensibelchen verweigern das Fressen oder beginnen, häufig zu erbrechen. Es ist gar nicht immer leicht, eine Verhaltens-»Unart« als Stressreaktion zu erkennen. Noch schwieriger kann es sein, die Ursache dafür herauszufinden.

Detektivarbeit

Am erfolgversprechendsten ist es, bei der Ursachensuche nach einem zeitlichen Zusammenhang zu fahnden.

Ein Verwöhnprogramm mit vielen Streicheleinheiten und gutem Zureden festigt Miezes Selbstbewusstsein.

Wann hat Ihre Katze begonnen, ein verändertes Verhalten zu zeigen? Und was hat sich zu diesem Zeitpunkt in Ihrem Haus, Ihrer Familie oder bei Ihnen selbst geändert? Versuchen Sie, mit Katzenaugen zu sehen und nach Katzenart zu denken. Der Stubentiger kann beispielsweise nicht wissen, dass Ihr Gast nur für eine Woche bleiben wird. Für ihn ist er in »sein« Revier eingezogen und macht ihm sein Lieblingssofa streitig. Und Sie widmen diesem Eindringling auch noch mehr Aufmerksamkeit als Ihrer Katze! Das ist Frust pur. Und hat prompt Pfützen oder Häufchen auf dem Teppich zur Folge.

Was tun?

Die wichtigste Grundregel lautet: Verunsichern Sie die Katze nicht noch weiter, indem Sie sie für ihr Fehlverhalten ausschimpfen. Ihr Liebling will Sie ja in keinem Fall ärgern, er weiß sich nur nicht mehr anders zu helfen. Vermehrte Zuwendung, ja ein regelrechtes Verwöhnprogramm hat hingegen schon so manche Mieze recht schnell mit ihrer neuen Situation versöhnt.

Problemen vorbeugen

Eine neue Katze kommt ins Haus

Halten Sie die Tiere zunächst in getrennten Räumen. So kann sich der Neuzugang erst einmal an die neue Umgebung gewöhnen, bevor er mit den bisherigen Revierbesitzern konfrontiert wird. Tauschen Sie dann die Räume, damit beide Katzen jeweils den Geruch der anderen kennen lernen. Dann erst werden die Türen geöffnet. Die ersten Begegnungen sollten nur unter Ihrer Aufsicht stattfinden.

Ein Umzug steht an

Sperren Sie die Katze in der alten Wohnung in einen Raum, der so lange wie möglich unangetastet bleibt. In der neuen Wohnung statten Sie dann als erstes einen Raum mit Miezes persönlichen Dingen wie Kratzbaum, Schlafkissen und Futternapf aus. Quartieren Sie anschließend das Tier dort ein. Auf diese Weise bekommt es vom beängstigenden Umzugschaos so wenig wie möglich mit.

Ein Baby wird geboren

Vernachlässigen Sie die Katze nicht! Sie würde das nicht nur Ihnen, sondern auch dem neuen Erdenbürger übel nehmen und womöglich mit Aggressionen reagieren. Verbinden Sie die Anwesenheit des Babys immer mit angenehmen Erfahrungen für die Katze, z. B. besonders vielen Streicheleinheiten oder einem Leckerbissen. Erlauben Sie Mieze, den Raum zu verlassen, wenn das Baby schreit.

Ein neuer Partner zieht ein

Lassen Sie die Katze von sich aus auf den neuen Mitbewohner zugehen (→ Seite 47). Machen Sie Ihren Partner mit den häuslichen Spielregeln, mit Miezes Gewohnheiten und ihrem Tagesablauf bekannt und bitten Sie ihn, sich daran zu halten. Gut, wenn er in der nächsten Zeit das Füttern übernehmen kann, denn Liebe geht auch bei Katzen durch den Magen.

Die Familie fährt ohne Katze in den Urlaub

Lassen Sie die Katze möglichst wenig vom Kofferpacken und anderen Vorbereitungen merken. Das würde sie schon im Vorhinein beängstigen. Bitten Sie nach Möglichkeit einen Freund oder Nachbarn, sich während Ihrer Abwesenheit täglich um die Katze zu kümmern. Dies bedeutet allemal weniger Stress für das Tier als die Unterbringung in einer Katzenpension.

Die Bezugsperson ändert sich

Verliert eine Katze »ihren« Menschen, z. B. durch Umzug, Scheidung oder Tod, bedeutet das unweigerlich eine beträchtliche Verunsicherung für sie. Wenn Sie derjenige sind, der die Katze »geerbt« hat, versuchen Sie, zumindest in ihrem übrigen Alltag soviel wie möglich unverändert zu lassen. Nehmen Sie unvermeidliche weitere Änderungen nur nach und nach vor.

Fragen rund um Verhaltensstörungen

? Kürzlich sind wir in ein Haus mit Garten umgezogen. Endlich kann auch unsere Katze Marilyn draußen auf Bäume klettern und Mäuse fangen – dachten wir. Marilyn jedoch weigert sich beharrlich, ins Freie hinauszugehen. Wie können wir sie an den Garten gewöhnen?
Geben Sie Marilyn Zeit! Der Umzug bedeutete eine gewaltige Verunsicherung für sie, schließlich fand sie sich in ein völlig neues Revier versetzt. Sobald sich Marilyn in ihrem neuen Domizil wirklich zu Hause fühlt, wird ihre Selbstsicherheit wachsen und damit auch die Bereitschaft zu Erkundungstouren in die Umgebung. Indem Sie Marilyn den Futternapf vor die Tür auf die Terrasse stellen, helfen Sie ihr, die buchstäbliche Hemmschwelle zu überschreiten.

? Unser Kater Kasimir leckt sich unentwegt am Bauch. Er hat dort schon einen kahlen Fleck und die Haut ist ganz wund gescheuert. Das kann doch nicht normal sein, oder?
Nein, normal ist das gewiss nicht. Klären Sie zunächst beim Tierarzt ab, ob ein juckender Parasitenbefall, etwa durch Flöhe oder Herbstgrasmilben, Ihrem Kasimir zu schaffen macht oder ob eine Haut- oder Stoffwechselerkrankung vorliegt. Wenn sich diese Ursachen ausschließen lassen, handelt es sich bei einem derart übersteigerten Putzen um ein Zeichen von starkem Dauerstress. Möglicherweise hat in Kasimirs Alltag eine gravierende Veränderung stattgefunden, die der Kater nicht verkraftet. Aus einem häufigen Übersprungsputzen (→ Seite 24) kann sich dann ein regelrechter Putzzwang entwickeln. Versuchen Sie, die Stressquelle ausfindig zu machen und, sofern möglich, abzustellen oder Kasimir davon fernzuhalten. Ist das nicht möglich, sollten Sie dem Kater mit viel Zuwendung und Geduld helfen, seine Irritation zu überwinden.

»Du wirst doch nicht etwa ohne mich verreisen wollen? Kommt ja gar nicht in Frage!«

? Die Katze meiner Freundin ist unglaublich verschmust. Auf Schritt und Tritt verfolgt sie meine Freundin, maunzt und umschmeichelt sie und will andauernd gestreichelt werden. Wie kann man denn dem Tier diese Aufdringlichkeit abgewöhnen?

Ein derart hohes Bedürfnis nach Kontakt und Zuwendung zeugt von großer psychischer Unsicherheit der Katze und hat oft seinen Ursprung in einer zu frühen Trennung des Kätzchens von der Mutter oder in einem traumatischen Verlust einer früheren Bezugsperson. Ihre Freundin sollte nach Möglichkeit vermeiden, ihre Katze lange alleine zu lassen oder sie in einem Raum einzusperren (auch nicht versehentlich!). Das würde die Verlustangst des Tieres nur verstärken. Um etwas Ruhe zu gewinnen, kann sie der Katze ein getragenes Kleidungsstück oder ein benütztes Badetuch zum Kuscheln überlassen.

? Janine ist eine freundliche Katze, die sich auch von Fremden gerne streicheln lässt. Nur wenn kleine Kinder zu Besuch kommen, reagiert sie sofort mit Kratzen und Beißen auf die Kinder. Wie können wir ihr das abgewöhnen?

Vermutlich hat Janine einmal eine unsanfte Behandlung durch ein Kleinkind erfahren und hegt seither eine Aversion gegen alle Menschen dieser Größenordnung. Bitten Sie Ihre Besuchskinder, Janine gar nicht zu beachten und zu warten, bis sie vielleicht von sich aus auf sie zukommt. Eine Umerziehung der Katze erfolgt wie bei allgemeiner Fremdenangst (→ Seite 47), erfordert aber auch von den Kindern viel Geduld.

? Vor Wochen übernahmen wir eine kleine Katze und kauften ihr auch gleich ein Katzenklo mit Deckel und Klappe. Doch sie weigert sich, es zu benutzen. Wie können wir sie nur an diese Toilette gewöhnen?

Versuchen Sie es damit, die Haube der Toilette abzunehmen! Viele Katzen, vor allem wenn sie (noch) etwas verunsichert sind, trauen sich nicht in die »Höhle« hinein, weil sie darin ihre Umgebung nicht im Auge behalten können. Manche Katze stört auch der Geruch im überdachten Klo.

MEINE TIPPS FÜR SIE

Helga Hofmann

Unsauberkeit aus Frust und Stress

- Achten Sie darauf, dass der Weg zur Katzentoilette für Mieze stressfrei zurückzulegen ist. Muss sie an Bellos Liegeplatz vorbei? Sitzt regelmäßig eine dominante Mit-Katze im Weg? Um Konflikte zu vermeiden, wird Mieze dann einfach woanders hingehen.
- Fangen Sie nie Ihre Katze unsanft ein, wenn sie sich gerade auf dem Weg zur Toilette befindet.
- Geben Sie bei mehreren Katzen jeder ihre eigene Toilette. Und sorgen Sie dafür, dass eine ranghöhere nicht die Toilette einer schüchternen benutzt.
- Mit einer »Pfütze« kann Mieze auch ihren Protest zum Ausdruck bringen, etwa gegen eine neuerdings geschlossene Tür oder einen Übernachtungsgast auf dem Sofa.
- Mit Schimpfen erreichen Sie gar nichts, sondern nur durch Ausräumung der Ursachen.

Halbfett gesetzte Seitenzahlen verweisen auf Abbildungen, U = Umschlagseite.

A

Ablenken 22
Aggression 51, **U4**
– gegen Artgenossen **44/45**
Alltagsroutine 64
Aneinander gewöhnen 51
Angst 46, **46/47**
Anpirschen 7
Anschleichen 28
Aromaöl 29
Aromatherapie 52
Artgenosse **14**, 51
–, revierfremder **13**
Ätherische Öle 34
Aufdringlichkeit 57
Autofahren 21, 48

B

Baby 55
Bedürfnisse 65
Beißen **35**, 36, 51, 57
Belohnen 20, 40, 65
Beruhigungsmittel 52
Berührungsreize 37
Beschäftigung 10, 65
Betteln 21, **U4**
Beutefang 6
Bezugsperson 55
Blasenentzündung 50
Blechdose 22
Blumenspritze 22, **23**, 31
Blumentopf als Toilette 33
Bürsten 43

C

Charakterunterschiede 8, 11
Chiliöl 35

D

Dauerstress 56
Distanz, kritische 51
Duft
-drüsen 38
-marken 9, 38
-spuren 38

E

Eingewöhnung 47
Einfangen 57
Einstreu 33
Energie, überschüssige 41
Entspannung **13**
Entwicklungsphasen 18
Erschrecken 22
Erwachsenenalter 19
Erziehung 18–25, 64
Erziehungsregeln 25

F

Fauchen 23, **3**, **U4**
Fellpflege **8**, 43
Fitnessprogramm 11
Flegelalter 18
Flehmen **12**
Flöhe 56
Freilauf 9
Fremdenangst 47, 57
Fressstörungen 40
Frust 57
Füttern 11, 41
Futter
– herumtragen 42
-napf 41
-reste 41
-temperatur 41
– verweigern 40, **40**
-zeiten 41

G

Gardinen hochklettern **30**, 31
Gerüche 15
Geschenk 7
Gestik 15
Gesundheitscheck 65
Giftige Pflanzen 34
Grapefruitöl 34
Gras 35

H

Händeklatschen 22, 31
Harnspritzen 43
Heimatrevier 8
Herbstgrasmilbe 56
Hören 15
Homöopathische Medikamente 52

I

Imponiergehabe **13**, **50**, **54**
Instinkte 6
Intelligenz 10

J

Jagd 7
-eifer 28
-objekte 7
-revier 8
-spiele 35
-strukturen 9
-trieb 7, 10
Jagen 7

K

Kämpfe mit Artgenossen 8
Kampfspiele 36
Kämmen 43
Kater, potente 9
Katzenbuckel **50**, **54**
Katzengras 35
Katzenklo 11, **19**, 21, 33, 57
–, offenes **32**, 33, 57
– mit Haube 33, 57
–, verschmutztes 33
Katzen mit Freilauf 10
Katzensenioren 19
Katzen vom Bauernhof 18, 32
Kennenlernen **19**, 47
Kinder und Katzen 57
Klauen vom Tisch **U1**, 24, 28, **29**
Klebeband 30, 42
Klettern **11**, 30
Knoblauchzehen 34
Kommandos 21
Kommunikation unter Artgenossen **12**
Konsequenz 20
Körperhaltung 15
Krallenpflege 6
Kratzbaum 11, 15, 21, 39
Kratzbrett 11
Kratzen 11, **18**, **31**, 43, 51, 57
– am Kratzbrett **39**
– an der Tür **31**
– an Möbeln **31**, 38, **38**
– an Wänden 38
Kritische Distanz 51

L
Langeweile **U2**, 10, 29, **41**
Lärm 23
Lauern **8/9**, **28**
Lebenspartner, neuer 55
Lebensumstände, veränderte 55
Lecken 56
Lernen durch Erfahrungen 18
Lernen mit Leckerbissen 20
Liebesbeweis 7
Lieblingsfutter 40

M
Markieren **13**, 38, 43
Maus 7, 15
Medikamente, homöopathische 52
Menthol 39
Miauen 40
Mimik **12**, 15
Misstrauen 25
Musik 15

N
Nachsicht 64
Name 21
-lernen 22, 24
Naschen **16/17**, 29
Neuer Partner 55
Notorischer Jagdeifer 28
Nuckeln 42, **42**

O
Ohrenkontrolle 43
Orangenöl 29, 34, 35

P
Parasitenbefall 56
Parfüm 15, 39
Partner, neuer 55
Pflanzen
– anknabbern **34**, 35, **U4**
– ausgraben 34
–, giftige 34
Pflegemaßnahmen 43
Pheromonspray 52
Probleme abklären 29
Protestverhalten 57
Putzzwang 56

R
Revier 8
-erfolg 7
-größe 8, 9
–, Heimat- 8
-kontrolle 8
-markierung **13**, **31**, 38, 43
Revierfremder Artgenosse **13**
Rückzugsmöglichkeiten 11
Ruhephasen 14

S
Sambal Oelek 35
Scheue Katze 46
Schimpfen 23, 24, 57
Schläge 25
Schmerzen 29
Schmusen 11, **51**, 65
Schnurren 14
Schrank öffnen 42
Schüchterne Katze 48
Seniorenalter 19
Sensible Katze 53
Sozialisierungsphase 18
Spielbeißen **35**
Spielen **2**, 11, 14, 41
Spielzeug 36
Sprungkraft **9**
Standort der Toilette 33, 50
Stibitzen **U1**, 24, 28, **29**
Stimmungsumschwung 37
Strafen 21, 22–23, 25, 65
Straßenverkehr 10
Streicheln **22**, 25, 36
Stress 52, 57
Stubenreinheit **18**

T
Tadeln 21, 22–23, **24**, 25, 65
Tabuplätze **20**, 21, **21**, **28/29**
Tagesrhythmus 20
Temperamentsunterschiede 8
Tierarzt 49
Toilette 11, **19**, 21, 57
–, offene 33, 57
– mit Haube **32**, 33, 57
–, verschmutzte 33
Toilettenstandort 33, 50
Tonfall 21
Transportbox 21, 48
–, gewöhnen an **48**, **49**
Triebstau 29
Trinken **10**
Trinken aus der Blumenvase 15
Türen öffnen 25

U
Überreaktion 25
Überschüssige Energie 41
Übersprungshandlung 25
Überreizung 37
Umzug **52**, 55, 56
Unmut **36**, **37**
Unsauberkeit 32, 33, **33**, 43, 57
–, Plötzliche 50
Urlaub 55, **56**
Ursachenforschung 53

V
Veränderungen 52
Verhalten **12/13**
–, Braves 25
–, unerwünschtes 25
Verhaltensstörungen 46–53
Verständigung 29
Verunsicherung 53
Vogel 7
Vorfahren 6

W
Wasserdusche 22
Wasserpistole 22
Wohnungshaltung 10
Wohnungskatzen 9,10

Z
Zahnkontrolle 43
Zerstörungswut **31**
Zitronenöl 29, 34/35
Zitronen 29
-schale 29
-scheiben 34
Zitrusduft 29, 39
Zuwendung 53
Zweitkatze 51, **53**, 55
Zwiebeln 34

Adressen

Verbände/Vereine

➤ Fédération Internationale Féline (FIFe), 17 Rue du Verger, L-2665 Luxembourg, www.fifeweb.org (engl.)

➤ 1. Deutscher Edelkatzenzüchterverband e.V. , (1. DEKZV e.V.), Berliner Str. 13, D-35614 Asslar, www.dekzv.de

➤ Deutsche Rassekatzen-Union e.V. (D.R.U.), Geschäftsstelle: Hauptstr. 56, D-56814 Landkern, www.dru.de

➤ Österreichischer Verband für die Zucht und Haltung von Edelkatzen (ÖVEK), Liechtensteinstr. 126, A-1090 Wien, www.oevek.org

➤ Fédération Féline Helvétique (FFH), Alfred Wittich (Präsident), Büntacher 22, CH-5626 Hermetschwil, www.ffh.ch

➤ Deutscher Tierschutzbund e.V., Baumschulallee 15, D-53115 Bonn, www.tierschutzbund.de

AN UNSERE LESER

- Schutzimpfungen und Entwurmungen sind notwendig, um die Gesundheit von Mensch und Tier nicht zu gefährden.
- Da einige Krankheiten und Parasiten auf den Menschen übertragbar sind, im Zweifelsfall zum Tierarzt gehen. Das gilt besonders, wenn Sie von einem Tier gebissen wurden.
- Menschen mit Katzenhaar-Allergie sollten vor Anschaffung einer Katze ihren Arzt fragen.

Fragen zur Haltung beantworten

Ihr Zoofachhändler und der Zentralverband Zoologischer Fachbetriebe Deutschlands e.V. (ZZF), Tel. 06 11/44 75 53 32 (nur telefonische Auskunft möglich: Mo 12–16 Uhr, Do 8–12 Uhr), www.zzf.de

Hier erhalten Sie Adressen von Tierärzten, die mit Naturheilverfahren arbeiten und Verhaltenstherapie anbieten:

➤ Gesellschaft für ganzheitliche Tiermedizin e.V. (GGTM), www.ggtm.de

Katzen im Internet

Viel Wissenswertes rund um Katzen finden Sie auf folgenden Internetseiten:

➤ www.schmusekatzen.de
➤ www.katzen-info.de
➤ www.katzencity.de
➤ www.netz-katzen.de
➤ www.katze-und-du.de
➤ www.mietzmietz.de

Informationen über giftige Pflanzen erhalten Sie unter:

➤ www.giftpflanzen.ch

Bücher

➤ Heath, S.: Katzen verstehen. Katzenprobleme aus verhaltenstherapeutischer Sicht. Pala-Verlag, Darmstadt.

➤ Hofmann, H. und Wegler, M.: Katzen verstehen. Orbis Verlag, München.

Zeitschriften

➤ die edelkatze. Illustrierte Fachzeitschrift für Katzenfreunde, Verbandszeitschrift des 1. DEKZV (→ Adressen)

➤ katzen. Hrsg. D.R.U. (→ Adressen)

➤ Katzen extra. Gong Verlag, Ismaning

➤ Geliebte Katze. Gong Verlag, Ismaning

Die Autorin

Dr. Helga Hofmann studierte Chemie, Pädagogik und Biologie, mit dem Schwerpunkt Zoologie, insbesondere Verhaltensforschung. Sie ist Verfasserin mehrerer Bücher zum Thema Katzen und zu anderen Natur- und Tierthemen. Privat teilen sie und ihre Familie Haus und Garten seit vielen Jahren mit Katzen.

Die Fotografin

Monika Wegler gehört zu den besten Heimtier-Fotografen Europas. Auch als Journalistin und Tierbuch-Autorin ist sie sehr erfolgreich. Bekannt wurde Sie u. a. durch ihre Kalender. Alle Fotos in diesem Buch stammen von ihr. www.wegler.de

Impressum

Redaktion: Christine Axmann, Gabriele Linke-Grün
Layout: independent Medien-Design, München
Satz: Uhl + Massopust, Aalen
Produktion: Bettina Häfele
Repro: Longo AG, Bozen
Druck und Bindung: Kaufmann, Lahr
Printed in Germany

ISBN 978-3-7742-6134-1

3. Auflage 2007

GRÄFE UND UNZER

Ein Unternehmen der
GANSKE VERLAGSGRUPPE

100 JAHRE GANSKE VERLAGSGRUPPE

DAS ORIGINAL MIT GARANTIE GU

Unsere Garantie

Alle Informationen in diesem Ratgeber sind sorgfältig und gewissenhaft geprüft. Sollte dennoch einmal ein Fehler enthalten sein, schicken Sie uns das Buch mit dem entsprechenden Hinweis an unseren Leserservice zurück. Wir tauschen Ihnen den GU-Ratgeber gegen einen anderen zum gleichen oder ähnlichen Thema um.

Liebe Leserin und lieber Leser,

wir freuen uns, dass Sie sich für ein GU-Buch entschieden haben. Mit Ihrem Kauf setzen Sie auf die Qualität, Kompetenz und Aktualität unserer Ratgeber. Dafür sagen wir Danke! Wir wollen als führender Ratgeberverlag noch besser werden. Daher ist uns Ihre Meinung wichtig. Bitte senden Sie uns Ihre Anregungen, Ihre Kritik oder Ihr Lob zu unseren Büchern. Haben Sie Fragen oder benötigen Sie weiteren Rat zum Thema? Wir freuen uns auf Ihre Nachricht!

Wir sind für Sie da!
Montag – Donnerstag: 8.00 – 18.00 Uhr;
Freitag: 8.00 – 16.00 Uhr
Tel.: 0180-5 00 50 54*
Fax: 0180-5 01 20 54*
*(0,14 €/Min. aus dem dt. Festnetz/ Mobilfunkpreise können abweichen.)
E-Mail:
leserservice@graefe-und-unzer.de

P.S.: Wollen Sie noch mehr Aktuelles von GU wissen, dann abonnieren Sie doch unseren kostenlosen GU-Online-Newsletter und/oder unsere kostenlosen Kundenmagazine.

GRÄFE UND UNZER VERLAG
Leserservice
Postfach 86 03 13
81630 München

Meine Katze(n)

Name(n): ____________________

So füttere ich sie:

Dosenfutter morgens + abends
+ immer Trockenfutter +
Wasser, zwischendurch
Leckerli

Lieblingsspiele und -spielzeug:

Angel, alles was sich
bewegt, Wollknäulchen

Pflegemaßnahmen:

Das sind ihre Eigenheiten:

Besondere Kennzeichen:

schwarz, weiß, rot [illegible]
katze, schwarze [illegible] auf
der Nase

Das ist ihr Tierarzt:

Wohlfühl-Garantie für meine Katze

KATZENSICHT

Versuchen Sie, sich in Ihre Katze hineinzuversetzen und die Welt mit **deren Augen** zu sehen. Das wird Ihnen umso besser gelingen, je genauer Sie über das natürliche Verhalten von Katzen **Bescheid wissen**. Um Ihrer Katze wirklich gerecht zu werden, sollten Sie deren arteigenes Wesen verstehen und akzeptieren.

ALLTAGSROUTINE

Auch wenn Katzen vielseitig beschäftigt sein wollen, brauchen sie doch in ihrem Alltag und ihrem Zuhause ein hohes Maß an **Routine** und Beständigkeit, um sich wohl zu fühlen. Führen Sie im Umgang mit Ihrer Katze daher feste Rituale und **Zeitpläne** in denTagesablauf ein.

KEINE AUSNAHMEN

Das absolute A und O der Katzenerziehung ist ein **konsequentes Einhalten** der aufgestellten Regeln. Durch Ausnahmen wäre die Katze nur irritiert und würde dies unweigerlich als **Aufhebung der Regel** betrachten. Achten Sie darauf, dass sich auch Gäste im Umgang mit Mieze an die »Hausordnung« halten.

NACHSICHT

Nehmen Sie es nicht persönlich, wenn sich Ihre Katze daneben benimmt! Sie will Sie damit keinesfalls ärgern. Entweder hat sie die guten Manieren für ein **Zusammenleben** mit Menschen einfach noch nicht gelernt, oder ihre **Verhaltensstörungen** sind Ausdruck von tiefer Verunsicherung oder gar Angst.